No me dejen morir así

Biblioteca Pedro Ángel Palou
Novela histórica

Biografía

Pedro Ángel Palou nació en Puebla (México) en 1966. Ha sido promotor cultural, periodista, árbitro de futbol, chef, conductor de televisión, actor de teatro, académico y administrador de educación superior (fue rector de la Universidad de las Américas y secretario de Cultura de su estado natal). Es autor de cuarenta libros, entre los que destacan *Amores enormes* (Premio Jorge Ibargüengoitia), *Con la muerte en los puños* (Premio Xavier Villaurrutia), *En la alcoba de un mundo*, *Paraíso clausurado*, *Malheridos*, *La Casa de la Magnolia*, *Demasiadas vidas* y las novelas históricas dedicadas a Cuauhtémoc, Morelos, Zapata, Pancho Villa, Porfirio Díaz y Lázaro Cárdenas.

Ha recibido varios doctorados *honoris causa* en América Latina y es doctor en Ciencias Sociales por el Colegio de Michoacán, y profesor visitante en la Sorbona, en la París V René Descartes, en la Universidad Iberoamericana y en Dartmouth College. Como parte de su preocupación académica ha publicado *La culpa de México* y *La casa del silencio. Aproximación en tres tiempos a Contemporáneos* (Premio Nacional de Historia Francisco Xavier Clavijero, 1998).

En 2009 fue finalista del Premio Iberoamericano Planeta-Casa de América de Narrativa con la novela *El dinero del diablo*, que fue publicada con gran éxito en 22 países de habla hispana y traducida al francés y al italiano.

Condujo con Felipe Pigna la serie de televisión *Unidos por la Historia*, sobre el Bicentenario, para *The History Channel*.

Pedro Ángel Palou
No me dejen morir así

Para Daniel Sada, allá
y para Paco Ignacio Taibo II, acá

No me dejen morir así, digan que dije algo.

Últimas palabras atribuidas a Pancho Villa

El verdadero revolucionario es un ilegal por excelencia.
La Ley conserva, la Revolución renueva.
El hombre que ajusta sus actos a la Ley podrá ser a lo
sumo un buen animal domesticado, pero no un
revolucionario.

Ricardo Flores Magón

Se puede vivir lejos, muy lejos, allá donde no llega
ninguna carretera ni hay vías de tren cercanas:
en un viejo aposento perdido en la llanura; allá
donde no existen ni veredas fortuitas ni enemigo
que salte, en ese duro espacio que amolda
voluntades y cede al abandono dejando tras de
sí los aires mundaneros, la humeante sociedad
que nunca para, las tentaciones prontas... Lejos,
donde el tiempo no premia las sabias lentitudes.

Daniel Sada

No me dejen morir así, digan que dije algo.

Últimas palabras atribuidas
a Pancho Villa

El verdadero revolucionario es un ilegal por excelencia.
La Ley conserva, la Revolución renueva.
El hombre que ajusta sus actos a la Ley podrá ser a lo
sumo un buen animal domesticado, pero no un
revolucionario.

Ricardo Flores Magón

Se puede vivir lejos, muy lejos, allá donde no llega
ninguna carretera ni hay vías de tren cercanas:
en un viejo aposento perdido en la llanura; allá
donde no existen ni veredas fortuitas ni enemigo
que salte, en ese duro espacio que amolda
voluntades y cede al abandono dejando tras de
sí los aires mundaneros, la humeante sociedad
que nunca para, las tentaciones prontas... Lejos,
donde el tiempo no premia las sabias lentitudes.

Daniel Sada

I

LA MADRUGADA EN QUE ME IBAN A MATAR

Vamos a suponer que usted ya sabe que lo van a matar. Es como un gusanito que no lo deja en paz: la noche anterior, a media madrugada se despierta sudando frío, sabedor de que no hay de otra, de que de ésta ora sí ya no se salva ni rezándole al santo más milagroso o escondiéndose en la más inaccesible montaña. Intenta entonces volver a dormirse y hasta escucha clarito el primero de hartos disparos; ni cómo conciliar el sueño. Pues mire cómo son las cosas, así me enteré, a la medianoche del 20 de julio, de que me quedaban poquitas horas entre los vivos. Ni tiempo siquiera para arreglar mis asuntos o despedirme como Dios manda. No fue una corazonada, ésas habían ido y venido toda la santa existencia y me ayudaron a despertar antes de que el verdadero peligro atacara; de allí la leyenda de que yo nunca amanecía en el mismo lugar donde me había echado a dormir. En esas ocasiones, bien frecuentes cuando uno es un forajido, cuando anda huido como yo casi toda la vida, hay algo que te levanta con un susurro diciéndote que te peles, que la puedes librar. Es como si la mismísima muerte te avisara para ver si te le escapas, parece que le gustan los valientes a la pinche huesuda. Y haces lo que te toca, pones pies en polvorosa y muchas veces por un pelito le ganas otros días a la vida, o se los robas a la muerte, quién sabe.

Esa madrugada que digo, la del 20 de julio, fue bien distinto. No era un aviso, ni un malestar en el estómago: estaba claro que no tenía caso intentar escapar porque lo que una voz me vino a decir, clarito, sin palabras pero clarito, fue que ora sí me tocaba, que la pelona iba a venir

13

por mí; ay jija, la muy inesperada y de la que no se puede finalmente rehuir. Y no iba a morir en paz, de viejo, en mi cama mientras soñaba. No. Me iban a ejecutar como a una fiera incontenible, como a una serpiente venenosa. Me iban a coser a balazos y a llenarme de agujeros el cuerpo, los muy cabrones.

El día que me iban a matar no puede decirse, entonces, que amaneció, porque para mí nunca anocheció del todo. Me pasé las horas oscuras de la madrugada cavilando ya no sobre mi suerte —carajo, si mi suerte estaba echada—, sino sobre los años transcurridos, las tantas aventuras, la pinche revolución, las mujeres que fui amando, los hijos que me dieron, los pocos amigos, los leales. Los muy jodidos traidores, siempre tantos. El sabor de la arena del desierto. La boca seca, sin agua, cuando anduve escondido y no pude beber nada por siete días con sus tantas noches.

Cuarenta y cinco años y cuarenta y cinco días bien vividos pero mal dormidos, siempre a salto de mata, siempre como una presa, un animal perseguido. Eso fui, más que un hombre: un animal herido que se lame la sangre, espera a que cicatrice el tajo en la carne y antes de que cierre del todo vuelve a huir para que no lo ultimen sus enemigos. Un jaguar, dijo alguno. Ay, qué poco saben del desierto los catrines de la ciudad. Qué nada conocen de los coyotes hambrientos. De esa noche me queda la boca seca y la sensación del sudor frío. A mi lado me hubiese gustado tener a Austreberta Rentería, mi Betita. Pero estaba en la casa de la calle Zaragoza, en Parral, no en Canutillo, y Luz Corral no dormía ya conmigo, seguía enmuinada de que tuve otra mujer, una más entre todas las que amé. Así que Betita, allá en la hacienda, ni se enteró ni se inmutó, acostumbrada a mi peso muerto mal durmiendo y vociferando, entre sueños, los nombres de muchos de mis muertos y de mis tantas mujeres. Pero ella no reclamaba nunca, todo se lo guardaba, yo pensé, para mejor ocasión de usarlo en mi contra. Si despertaban sus hijos, Panchito e Hipólito, ahí sí que ella cortaba de tajo lo que estuviera soñando; aunque observando cómo roncaba, ida, revuelta en las mantas, en esa oscuridad me sentí más solo.

No quise despertar a Luz, tampoco pensar en cuando fuera viuda, cuánto me lloraría. Esa sería la última vez que vería un lucero en el cielo siempre desnudo de Chihuahua. Alguna vez dije que Parral me gustaba hasta para morirme; *Que mi boca se haga chicharrón*, pensé. Mis horas estaban contadas. Recobrando la respiración, me dispuse a saldar cuentas con la vida. Vaya si debía varias. De frente al final, uno no quiere fingir o salir bien librado, ¡las cosas como son! *Que nos caiga pues el diablo, ya qué más me queda*, me dije. Escuchaba el ir y venir de los tlacuaches, el alba tímida, y me dio por recordar, como hacen los viejos y los sentenciados a muerte. Como hacen los que van a ser fusilados: un pinche recuerdo, caprichoso, los asalta. De dónde viene, nadie lo sabe. Oía roncar a doña Luz, como todos le decían a mi cansada mujer de antes en la habitación de junto.

Era la última noche. Una mujer me lo dijo al salir de Canutillo:

—Lo quieren matar, mi general; hace meses que han planeado cómo ajusticiarlo. Tenga cuidado, se lo suplico.

Y no le hice caso, porque uno no anda escuchando chismes, siempre me han querido matar. Ayer, antes de ayer, antes de que hubiese incluso ayer, yo ya era una presa, y sólo he sabido huir. Pero en la madrugada me desperté, como si tuviera una espina de cardenche enterrada en el corazón. El cardenche es también una música muy, muy triste de Durango; no tiene instrumentos, la cantan tres voces y dan ganas de llorar. Como ocurre si intentas quitarte la espina, porque lastima mucho más al sacarla que cuando se te clava. Me acuerdo de una frase en especial: «... yo ya me voy a morir a los desiertos». ¿No será eso mismo la vida, una espina de cardenche? A veces creo que mi alma no va a resistir más tiempo deambulando por el viento sin conseguir consuelo, porque sé que no está tranquila, siente que quedan muchas cosas por hacer. Ya me perdí cavilando. Hablaba de la noche, ¿no?

Pero también es otra noche en el recuerdo. Cuando se está a salto de mata en la vida se vive de noche; sólo a los que fusilan se les despierta muy de mañana, madrugándolos incluso en sus últimas horas.

Alguna vez los orozquistas —eran cinco mil pelados contra mis apenas quinientos mal comidos Dorados— quisieron emboscarme para que dejara Parral. Me hablaron por teléfono cuando recibieron mi misiva negándome a abandonar la plaza por mi condición de soldado:

15

—Soy Francisco Lozoya, de los tuyos; me agarraron en La Boquilla. Si me aguardas allí, me disperso esta misma noche.

Luego me di cuenta de que era una trampa, que quien hablaba era José Orozco, y le dije:

—Órale pues, desértate y aquí te espero —y le di las buenas noches.

Me largué de Santa Bárbara esa noche, al Rancho de los Obligados, como a cinco leguas.

Y así me fui, huyendo con los míos, a Las Catarinas, luego a la Sierra del Amolar, a Las Nieves; allí me esperaba mi compadre Tomás Urbina con cuatrocientos hombres. Ya juntos éramos casi mil y nos fuimos para Torreón por municiones. En Mapimí se nos anexó Raúl Madero con unos ferrocarrileros que traía como soldados. Quién iba a pensar que el entonces jefe de la División del Norte, el general Victoriano Huerta, sería después un usurpador. Él estaba en Torreón y me dio órdenes de irme para Gómez Palacio. Luego me escribió el presidente Madero:

Pancho: Te felicito por tu lealtad. Ojalá siempre sigas como hasta ahora. Pide los elementos que necesites al señor general Huerta y mayor gusto me proporcionarás si operas de acuerdo con el mismo señor general.

¡Alimentábamos a la cucaracha!, que mientras, a lo mejor ya fraguaba sus intenciones de llegar a la podrida silla presidencial.

II

No crean ustedes que el que haya yo
asumido esta actitud de paz sea porque
no puedo sostenerme. Villa puede
sostenerse el tiempo que quiera

No fue de cobardes atrincherarme en la hacienda de Canutillo, qué va. Quedarme silencio para olvidar, sí. Pero también se los debía a mis muchachos, que estaban cansados, heridos, agotados de tantos años de revolución. Habíamos pasado por tantos campos de batalla, dado la vida por tantos caudillos ingratos que olvidaron que uno puso el pecho para desviar las balas que les dirigían, sembrado tantos enemigos, perdido a tantos familiares, enterrado a tantos héroes y traidores, que sólo quedaba tomar la tierra que nos ofrecía el señor presidente interino, Fito de la Huerta.

Ya mi conciencia estaba en paz. Venustiano Carranza y Álvaro Obregón se habían batido en duelo, muriendo el primero en mayo de 1920, en la sierra de Puebla. Yo no metí ni las manitas en ese desacierto de los juegos del poder; ya estaba fuera, ocupado en los menesteres de la gente de mi tierra, en Chihuahua. Bien que le guardaba rencor al general Carranza. Desde siempre habíamos sido distintos, desde siempre libramos rencillas y descontentos: él no iba a desaparecer los viejos privilegios, antes bien iba a afianzar en el poder a sus iguales, tampoco lucharía contra el injusto sistema de repartición de tierras, mucho menos aboliría la sinrazón de tener por siempre jodidos a los que, como yo, habíamos nacido jodidos. Yo nunca fui como él, que en cuanto llegó al poder y tuvo a su mando a los militares, ejerció la tiranía, decretando que nos cazaran cual perdices, que dispararan a quemarropa si nos encontraban: a Rafael Castro, a Pablo López y a mí. Era 1916.

Habían sido muy largas, casi eternas, tan eternas como esta muerte, la huida y la lucha: una década desde 1910, cuando me adherí al señor Francisco I. Madero. Sobre todo el último lustro, donde no sólo tuve que pelearme con los necios de mi patria sino con los infames indios americanos. Estábamos ya muy cansados de la guerra fraterna: el revolucionario contra el revolucionario, el maderista contra el porfirista, el villista contra el maderista, los orozquistas contra los maderistas, huertistas contra villistas, villistas y carrancistas contra huertistas, villistas contra obregonistas, villistas contra carrancistas, carrancistas contra villistas y zapatistas, villistas contra carrancistas. Para 1920 había pocas salidas alternas a la muerte, y aunque todos sabían que no iba a dejar mi pistola sobre el escritorio del presidente, sí podía ahora dedicarme a lo que todos pensaban era una utopía: trabajar en un sistema agrario dentro de la hacienda en ruinas que me ofrecían a cambio de mi aparente calma y control sobre el norte.

Había que labrar duro esa tierra, regresar la fertilidad a una hacienda tan en deplorable estado como estaba la de Canutillo cuando me la entregaron el 4 de octubre de 1920, tras mi rendición. Que quede claro que nunca me retiré, siempre seguí dando batalla aunque ahora sudando en la cosecha, haciendo florecer las rancherías de tierra árida, las pocas hectáreas fértiles. Ya por Parral, ya por Rosario, por todo Durango y hasta más allá se escuchaban las buenas impresiones de las familias que vivían en Canutillo, de su trabajo, la educación de sus hijos, de la justicia y la libertad. Ya los gringos parloteaban sobre si los frutos de Canutillo me despuntaban para recuperar la gubernatura del estado, cosa que yo sí contemplaba, como que siempre he querido que las cosas se hagan de una vez bien y sin titubeos, sin usar carne de cañón. Pero también era un hombre leal, qué carajos; había quedado en no levantarme nunca más, y en pactos con el diablo uno no busca cómo burlarlos. Oportunidades para matarlo, cuando Obregón no era nadie, me habían sobrado, pero ahora que había llegado a la silla del águila no valía la pena volver a poner en jaque al pueblo, alimentar a los buitres de nueva cuenta, arrebatarnos el poder una vez más. Quería hacer las cosas de distinta manera.

De todo había en Canutillo. Una casa grande, su huerta; la casa con grandes accesos por los cuatro puntos cardinales. Lindo el patio con su árbol enorme para dar sombra. Hasta tenía su hacienda chiquita, El Molino, con su arroyo de agua cristalina. ¡Cómo me emociona recordarlo! Había de todo en Canutillo. Telégrafo, hasta teléfono. Y un camino bien aplanado hasta la estación Rosario, a siete leguas de distancia. Allí, en la estación, uno de los míos, Nicolás Flores; nadie salía o entraba sin que yo lo supiera. Había de todo en Canutillo. Una capilla que hice bodega, pues yo sólo creería en una religión que no me hiciese tonto. Y había muchas casitas para todos. Fue mi pequeño pueblo. Tenía de todo. Su escuela, su zapatería, su herrería, su tienda, su correo, su doctor. Los puros talabarteros no se daban abasto con las monturas de los cincuenta hombres de mi escolta, y de todos los aperos agrícolas. Tenía dos mecánicos para las trilladoras. Había de todo en Canutillo: azúcar, café, cerillos, cigarros, cobijas. Yo me iba desde temprano al campo. Estaba orgulloso de las maquinarias que compramos en El Paso, de la Casa Myers. Siempre pasaba a mediodía por la escuela; yo, que nunca fui a una. Sembraba también, porque hay que predicar con el ejemplo, y el que hace un surco derecho sabe sembrar, ¿o no? En Canutillo tenía mis caballos, catorce de raza, eran mis otros niños. Y había que dar de comer a todos. Un puerco sacrificábamos todos los días, y una res o dos borregos. Me traje a Pablo, de Las Cuevas, para que nos guisara a todos; como unos treinta cada día. Siempre puntuales: a las ocho el desayuno, a las seis o máximo siete la cena. Miguel Trillo me resumía la prensa todas las mañanas. Me iba con mis hijos a la acequia a verlos nadar. Pero lo que más me enorgullecía era la escuela. Doscientos cincuenta niños hambrientos de aprender, de Torreón de Cañas, de Torreoncillo, de la haciendita Carreteña, de Las Nieves, y de Canutillo, claro. Yo los vestía y calzaba a todos como si fueran mis hijos. Y en la noche usábamos la escuela para los adultos. Allí, en esa escuela, experimentamos de todo. Comenzamos la escuela de acción, la enseñanza derivada de la acción, hasta de cacería iban los profesores con los niños; venados, algún oso.

Allí, en Canutillo, donde había de todo, firmé mi sentencia de muerte con una entrevista, por lenguaraz. Pues bien, con ésas se había acercado Regino Hernández Llergo, periodista de *El Universal*. Bien sabía yo por dónde iría: quería ser el que informara sobre las apuestas de los Dorados del Norte, mis quejumbres sobre el no agraciado Obregón y las tantas promesas fallidas de su gobierno; sobre Carranza, sobre el acopio de armas, sobre lo que nos debía la Revolución. Por supuesto, sus preguntas y pláticas «al azar» le medían el caldo a los frijoles, para ver cómo andaba mi relación con Estados Unidos; si pendejo no nací. Pero darle la entrevista era una buena manera de recordarles a todos los de la capital, a sus ahora amiguitos estadounidenses, a los nuevos riquillos al servicio del sátrapa Obregón, a todos, pues, que aquí seguíamos, vigilando que la lucha no hubiera sido en vano. También dejarle escribir sobre mí, Villa, servía para que de una mentada vez se quitara el pueblo de la cabeza la imagen de que sólo a balazos yo entendía. A Carranza le había servido difundir mi imagen de bandido de medio pelo, yo que moví a cientos de miles de hombres para reclamar lo justo, pero ya estaba de andarnos con cuentos de boca en boca.

Cuando llegó Regino, bien que pudo andar donde quiso, nada le escondimos para que escribiera cómo era la vida de verdad en Canutillo, la del general Villa. Estuvo con nosotros poco más de diez días, pasó hasta la cocina, al cuarto de los niños, a las casas de mis peones, de los capataces. Le explicamos de nuestra cosecha de cacahuate, se sentó en las sillas de la escuela «Felipe Ángeles» a instruirse sobre la gramática y la biología. Qué por qué le puse así a la escuelita, pues porque es el nombre del militar de escuela de mayor pundonor que haya visto este país, gloria del Ejército Mexicano; fue siempre leal a sus deberes, a sus principios, a su gente. Cuando en 1915, no lo he de olvidar —le dije a Regino—, lo invitó el general Eugenio Aguirre a jugar con el bando contrario, traicionándome, le contestó:

—Desde Chihuahua lo vi a usted inclinado a pactar con Obregón y ahora veo que el pacto iniciado en Chihuahua y arreglado en Aguascalientes fue redondeado en México; pero tenga la plena seguridad de que irá al fracaso. Yo no combato por la dictadura, combato por la Revolución en sus ideales sagrados, que se verán imposibilitados por las ambiciones personales y las insensateces de ustedes. Tienen muchas acusaciones tardías en contra del señor general Villa, pero no saben que trabajan por su gloria y su grandeza… Esto mismo le dije al general Maclovio Herrera en Chihuahua y ya debe haberse convencido de que profeticé la verdad. Lamento lo que les pasa, porque les tuve mucho cariño cuando eran paladines de la buena causa.

Le expliqué lo que valía tener una buena educación y principios, como los tuvo el general Ángeles: no había otra manera de evitar que todos esos escuincles fueran discriminados en un futuro por no saber leer o escribir. Sí, el periodista que bien sabía usar las palabras, retrató a Canutillo como una comunidad con muchas esperanzas de cosechar lo sembrado.

La cortesía entre ambos fue inmediata, él fingió admirarme, yo pretendí que la paz se había apoderado de mi corazón. Me pidió explicaciones de mi pistola, de las de mis hombres, haciendo mofa de mi paz a fuerza de balazos. Pero yo tenía un arma desde que adquirí conciencia, para mí la guerra empezó desde que nací.

Lo que ignoraba en mi rebosante descripción del presente y del pasado del general Villa y Canutillo era que el futuro en esos días de la entrevista, en mayo de 1922, ya estaba decidido.

De todo lo que publicó el atildado reportero hubo quizá una frase que encendió al jijo de su rejija de Obregón, porque daba yo a entender que cuando firmé mi rendición y me vine para Canutillo sí había prometido que me retiraba de la política, pero sólo dentro de su periodo presidencial; ahora hasta gobernador podía ser si se me hinchaban los tompiates.

—De muchas partes de la República —le dije al periodista de *El Universal*— y de muchos distritos de Durango me han mandado cartas para ofrecerme la candidatura. Yo les he dicho que se esperen, que no muevan esos asuntos por ahora. Pero eso le demuestra el gran partido que tengo.

»¡Tengo mucho pueblo, señor! —le dije sin modestia—. Mi raza me quiere mucho; tengo amigos en todas las capas sociales: ricos, pobres, cultos, ignorantes. ¡Nadie tiene ahora el partido que tiene

Francisco Villa! Por eso me temen los políticos, porque saben que el día que yo me lance a la lucha, uh, los aplastaría.»

Y ya no me dio tiempo de arreglar ningún levantamiento. Yo mismo firmé mi sentencia con esas palabras, y con las otras que le dije a Hernández Llergo:

—¡Yo puedo movilizar cuarenta mil hombres en cuarenta minutos!

III

Tengo el deber de informarle que Pancho Villa se encuentra en todas partes y en ninguna a la vez

Qué tan grande me creían los gringos, que me mandaron matar. No creyeron que el león dormiría por siempre; que, la verdad, uno se cansa de andar a salto de mata, aunque quizás si regresaba otro John Pershincito a tratar de joder el asunto, pues igual sí se despertaba la fiera con ganas de devorarlos. Tuvieron razón en tenerme miedo, nunca hubo nadie que les pegara como yo: ¡fui el único que los amordazó y el único que logró escaparse!

Durante esa ridícula Expedición Punitiva de los gringos en mi contra en 1916, que yo mismo provoqué, qué canastos, tras mi asalto a Columbus, Nuevo México, con tal de aguarle la fiesta a Carranza y evitar que Estados Unidos le brindara su apoyo, tuve el encuentro más cercano con la calaca. En ese año y medio me gasté todas las balas que debía haber usado contra mis enemigos mexicanos en apuntarle a los más de diez mil perros cazadores, caballos y hombres estadounidenses que cruzaron la frontera para agarrarme. Al mismo tiempo, aquí en mi tierra, otros tantos carrancistas incursionaron también con la única misión de aniquilarme. Acechado como un animal, una méndiga bala se había alojado en mi pierna desde el 27 de marzo en una batalla en Guerrero; sosteniéndome de los hombros de Tiburcio Maya llegué hasta la sierra de Santa Ana. Heroica lucha tripartita condujo mi general Candelario Cervantes sobre Miñaca, San Isidro y Guerrero. Logramos darle muerte a varios de estos despechados carrancistas, entre ellos el muy valiente coronel Vicente Rivera, pero aun así me siguieron pisando los talones. El general de división Nicolás Fernández, jefe de la escolta y del Estado Mayor, fue quien me condujo hasta una cueva recóndita del municipio de San Francisco de Borja sobre una mula del señor Edmundo Herrera. Desde La Mesa anduvimos escondiéndonos de todos, hasta que divisamos la mentada cueva; una donde los brutos estadounidenses no pudieran trepar, pero tampoco las defensas sociales, rancheros que se habían vendido a los gringos, a quienes nunca pude ver del todo con buenos ojos, y tampoco los méndigos carrancistas, que ya me buscaban bajo las piedras con tal de quedar bien con el señor presidente Carranza. A piedra y lodo me hice una trinchera y durante veintidós días sobreviví sobre todo a John Pershing o Black Jack, como le decían y bien le quedaba, y su endemoniada búsqueda. De no haberme herido, yo habría acabado con ese gringo Pershing, a quien aun herido hice fracasar.

Ya a los de mi país me los conocía bien. A mi escondite me acompañaron pocos de mis hombres, los más fieles, los que tuvieran curtido el cuero para aguantar tantas inclemencias: Tiburcio Maya, Juan Álvarez y Martín Torres como cabezas, ayudados de Bernabé Sifuentes. Todos juraron, so pena de muerte, que si alguien era aprehendido por algún maldito, ya fuera gringo o carrancista o cualquier pusilánime al servicio de los dineros, no delataría a su general Villa. Nicolás fue designado jefe de las fuerzas leales mientras yo me reponía y lograba despistar a los enemigos. Sobreviví como el mismísimo Cristo en el desierto, sobreviví; no así el viejito necio de Tiburcio Maya, quien a punto de terminar el sitio se empeñó en ir a buscar a Martín Torres y Juan Álvarez, que habían bajado la montaña en busca de agua y víveres, y cayó en una estúpida trampa para osos. Los Punitivos dieron con él, si no para qué tenían a sus perros rabiosos, y lo llevaron ante el propio general Pershing, quien no tenía otro motivo en la vida más que dar conmigo; cruzó la frontera y se adentró en la sierra, en el desierto, con indios rojos y militares estadounidenses con la única consigna de atraparme vivo o muerto. Yo les hice jurar a todos y cada uno de mis hijos, hombres y a mis generales que si me moría en el trance de la pata coja me incineraran. Que si me encontraban, pues allí mismo me daba yo el tiro de gracia; pero que no permitieran que se llevaran mi cadáver.

Bajo ninguna circunstancia podían esos Punitivos tener un solo pelo mío, quién sabe de cuántas maneras podrían profanarme. Así lo juraron todos y así procedió Tiburcio al verse sorprendido por la trampa de oso: los malditos lo torturaron, pero nada pudieron sacarle a uno de los más fieles villistas que yo hubiera tenido. Por tres días lo trajeron desangrándose. Querían que Pershing lo viera y le sacara la sopa, pero Tiburcio no tenía más jefe, más familia que yo. Le estaba bien claro cuál era su patria; sabía bien que más valía muerto que soplón y deshonrado. Treinta y tres días en la cueva, más otros tantos meses del tingo al tango, dieron al traste con la paciencia de Pershing, quien me buscó extenuado en la barranca, tras los árboles, en las casas, en las rancherías. Todos los habitantes decían que no guardaban tratos conmigo, que era un bandido, un forajido, que tenía cuentas pendientes con todos, hasta con mis propios hombres. Nadie me delató y todos se fueron haciendo de la vista gorda con tal de salvar mi pellejo. Al final los gringos regresaron para su tierra y dejaron de chillar hasta julio de 1923, cuando por fin cometerían el pecado, olvidando su mentado «¡No matarás!».

Un día me vinieron a contar que Martín López, uno de mis más queridos hombres —yo mismo lo escogí a los once años, cuando estaba huerquito—, andaba borracho, dando tumbos por Parral y enseñándoles a todos las tarjetas postales del fusilamiento de su hermano Pablo, poco después del asalto a Columbus. ¡Cómo se cagaron del miedo los pinches gringos! Había que darles una lección por andarse metiendo donde no los llaman. Les interesa más el petróleo de este país que su mentada democracia; sueñan y sudan su *oil* los muy cabrones. En la mentada expedición a Sonora, allí en Agua Prieta, me enteré de la gran traición que se andaba fraguando entre Carranza y Wilson, el presidente de Estados Unidos. Había que cobrarle, pues, a Columbus, población que ya me sabía de memoria; mis muchachos ya sabían de qué se trataba aquello.

Pasándoles lista, me indicaron: Martín tenía tres tarjetas con fotografías del fusilamiento de Pablo y se las enseñaba a todos diciéndoles que eso era valentía, que así morían los villistas, con la cara en alto, sin doblegarse, con dignidad. Iba por las calles de Parral besándolas; besaba al hermano muerto, qué pinche tristeza.

Flaco, de ojos azules, Martín no perdía ocasión de mostrarles esas tarjetas postales a los desconocidos:

—Mírenlo, es mi hermano Pablo López, lo acaban de fusilar en Chihuahua. El pobre lleva muletas porque lo hirieron en Columbus cuando acompañó a mi general Villa. Trae muletas, apenas puede tenerse en pie, pero no hace mueca alguna de dolor. Los villistas no se andan doliendo por la calle, menos cuando están a punto de morir; tampoco se van a establecer a Estados Unidos fingiendo que no son mexicanos.

»¿Ve usted el puro en la boca? —volvía a la carga—, es porque todavía lo tenía prendido cuando le dispararon los del pelotón. No quiso que le vendaran los ojos, porque así mueren los cobardes.»

Martín lloraba y se secaba los mocos:

—No lo hubieran agarrado, se hubiese salvado como mi general Villa de no ser porque andaba renco, herido mi hermanito —se dolía y conmiseraba.

Esas tarjetas eran su tesoro, su única posesión y herencia.

—Mire usted, si aquí anda hablando con la tropa, como todo un hombre: lo van a fusilar y sigue riéndose. Mírele nomás los dientes, parece que anduviera de fiesta. Así nos enseña Pablito a morir como villistas.

La tercera tarjeta lo mostraba antes de la descarga, con el fotógrafo colándose entre el pelotón y el ajusticiado; lo sé porque yo también tenía las mías y las veía y veía en Canutillo cuando ya los dos, Pablo y Martín, estaban muertos. Martín ponía sus dedos flacos sobre el cuerpo a punto de ser fusilado de su querido hermano.

—¡Cuánta pinche gente viendo morir a mi hermano!, vea usted —se emocionaba ante la muchedumbre absorta de esa fría mañana de Chihuahua en la que uno de mis hombres más valientes iba a morir.

»Aquí ya está muerto el pobre —ahora sí berreaba a moco tendido Martín mientras mostraba su última tarjeta, y se daba de golpes con la cabeza en las paredes de las casas, casi sacándose sangre, y gritaba—: ¡Viva Pablo López!

Las gentes respondían con la misma cantaleta, por compasión.

—¿Sabe usted lo que hizo mi hermano? —gritaba entonces, ya presa de algo parecido a la locura o a esa excitación que sólo produce el alcohol, tan dañino para mi pueblo—. Dijo que su última voluntad era tomar un vaso de agua mineral porque el desayuno le había dado agruras, el muy jodido.

Y luego agregaba:

—Dejó una de las muletas recargada en el muro y se puso a recoger una piedra pequeña de entre la tierra, la limpió con el dorso de la mano y la tiró al vaso, como si fuera un hielo refrescante. Cuando le regresó el vaso al sargento que se lo había llevado, ahí estaba la piedrita, sonando como loca. Cómo se reía mi hermano. ¡Así mueren los villistas, carajo!

Y Martín López se reía como un loco pensando en su hermano, todavía con la calma necesaria para pedir su vaso de agua mineral. Luego exigió además que se llevaran a un gringo que estaba allí entre los mirones y los curiosos que nunca faltan:

—¡No quiero morir con un perro enfrente! —decía Martín que gritó su hermano antes de ser fusilado. Era Marion Letcher, el cónsul estadounidense en Chihuahua, un jodido. Cuando se llevaron al gringo, él mismo dio la orden al pelotón, a voz en cuello:

—¡Fuego!

Nunca se cayó la ceniza de su puro, ni siquiera con Pablo López en el suelo; seguía saliendo un poco de humo. Se lo quitaron de la boca, lo tenía mordido entre los dientes.

Quería morir, el pobre Martín, para morir como su hermano. Y eso pasó en Torreón, cuando se me fue.

Yo no lloro, casi nunca lloro. Que me acuerde, sólo ante la tumba del señor Madero y cuando me vinieron a contar que Martín López había muerto en la batalla: ahora lo imagino con su hermano muerto, los dos tranquilitos, silencitos. ¿O andarán como yo, sin poder estarse quietos?

Me he preguntado muchas veces por mis muertos. No es que me culpe o me cuestione si es por mí que son cadáveres, qué va; ellos iban a la revolución como yo, gritaban «¡Vámonos con Pancho Villa!», y se iban con la bola y les iba el alma en eso.

Es algo más cabrón, más profundo. Algo que quizá no tenga respuesta.

IV

En Canatlán se rompe mi infancia

Martina, mi hermana, no tenía grandes planes para el futuro. Vivía con cinco en una choza de la ranchería de Gogojito, en Canatlán; compartía el petate con Marianita, tres años menor. Nos veía dormidos, arrejuntados, a mis hermanos Antonio, Hipólito y a mí. Mi padre iba y venía, como las bestias, cuando se cansaba de andar en la friega, saltando de gallina en gallina, de ranchería en ranchería; regresaba sin previo aviso. Entonces teníamos que desocupar la casa los chamacos y yo, para que mi madre pudiera atenderlo. Martina era la más encabritada con su llegada. A mí ya me daba igual, sabía que venía, y no pasaban más de tres noches de luna llena para que se volviera a ir. Martina sabía que a ella le esperaba, si bien le iba, una vida como la de mi madre. Se le estremecía el cuero nomás de pensarse curtida y triste, por siempre triste.

Bajo el techo de tierra y los muros de adobe vivíamos al día, sin desear más, sin pretender un cambio. Cuando se es peón de una hacienda como la de los López Negrete no se tiene futuro, sólo un presente reiterado como el de los perros y otros animales domésticos. Todos los días Martina se levantaba a las 4:30 de la mañana para ir al nixtamal y traer la masa para las tortillas del desayuno; a veces mi madre le pedía que llevara a la casa del patrón tortillas recién echadas para que don Agustín López Negrete, el dueño de la vida de mi madre, de mis hermanos y la mía, la conociera, la pusiera en el servicio de la señora y hasta la mandara con alguien que le enseñara a leer. A mí se me encogía la pinche panza cada vez que me sentaba en la mesita de dos sillas y preguntaba por ella.

—Amá, dónde está la Martina —le decía con la boca llena de masa.

—Ah, en unos mandados en el casco, Doroteo —me respondía y luego luego me cambiaba el tema—. Dicen que el presidente Díaz vendrá pronto por estas tierras, que quiere subirse al tren —me platicaba dizque muy atenta a mis opiniones.

Mi madre bien entendía que la rabia me turbaba y me daban ganas de ir a traer a la Martina de los pelos a la casa, porque bien sabíamos cómo terminaban todas las muchachas de la hacienda: todas desfloradas, las pendejas, por el patrón o por sus hijos y hasta por sus invitados. El derecho de pernada, pues, porque el patrón, como nos daba techo, comida, protección y trabajo, nada más le podía uno pagar con alguna mujer. Me enchilaba más que cualquier otro asunto: luego, entre sueños, me imaginaba yo disparándole al patrón nomás por echarle esos ojos negros y lujuriosos a mi hermana. Pero a final de cuentas nada más eran sueños, porque uno no podía ponérsele de tú a tú a los catrines.

Durante varias cosechas así fue: yo me iba a la Ciénega o al ojo de agua o a ayudar con los animales, y Martina ayudaba a mi madre en los quehaceres, sin más pretensiones en la vida que ser elegida por un capataz para casarse y ascender un poco en la escala social.

Sucedió que una mañana, después de que me fui a ayudar a unos peones de la hacienda a reconstruir el techo de una casa, regresé de improviso con mi amá. Ah, qué escena más cabrona la de ver a mi madre muerta de miedo, dando explicaciones de por qué don Agustín no podía llevarse a su hija; él por supuesto exigía su derecho a desvirgarla, con el permiso de su madre o a la fuerza y por la mala. Como venía de fueras, corrí a la parte trasera de nuestra casa tan pobre donde colgaba, junto a las palas, el fusil, nomás porque mi mamacita no podía ver las armas en el mismo lugar donde dormía. Sin pensarlo, corté cartucho y entré como alma que lleva el diablo a apuntarle a don Agustín merito en el pie. Al momento se desplomó con la mano sobre la hebilla del cinturón; Martina quedó salpicada de sangre, petrificada y sin poder emitir una palabra. Las lágrimas se le atoraron a medio cogote y no podía ni respirar de la impresión, aunque nunca supe si de ver herido al patrón o saberse libre del desvirgo. Todo sucedió en un abrir y cerrar de ojos, porque de inmediato mi madre ayudó a don Agustín a frenarse la sangre. Llegaron también unos sirvientes con un rifle y el machete desenvainado; el patrón, en su grito ahogado de dolor por el balazo que le había tocado, les hizo una señal de que no me hicieran nada por el momento. Pero la vi cerca, porque creí que me lincharían ahí mismo, frente a mis mujeres.

Mi madre al instante limpió la casa, cogió una mochila, le puso un mendrugo, un algo con agua, una franela y me largó por siempre de ese lugar.

—Corre a la sierra —me dijo casi sin aire—, aquí te van a linchar en cuanto salga de ésta el patrón. Corre bien lejos, que nadie te agarre. Si te preguntan, pues vienes de otros ranchos a buscar trabajo. Huye, hijo, no vuelvas más a Gogojito, vete lejos. Nos iremos a La Coyotada, allá a Río Grande. Pierde cuidado de nosotros.

Así, sin tener tiempo ni para ir a cagar, tuve que volverme forajido. Con una mirada me despedí de Martina; no volví a saber de ella. Mi madre dejó la hacienda para irse a Río Grande. En el camino, mandó a la Martina con otros parientes. Supimos con los años que el destino esperado le había llegado: mis hermanos todavía le aguantaron más cosechas a mi madre, pero ése fue el principio del fin de la manada.

Yo me desentendí en las montañas. Huí a la sierra de la Silla, montado a pelo en un caballo propiedad del mismo al que le había dado de tiros; ahora que si eso es robo, pues tomé en préstamo el méndigo animal. Desde ese momento me dediqué a evitar a los fiambres que por autoridades teníamos. Al patrón se lo llevaron a su casa y luego supe que nomás fueron arañazos los de su pie, porque volvió a las andadas. Después, dijeron las lenguas viperinas, mandó a que me buscaran hasta por debajo de las piedras pero ya andaba yo a las vivas, si tarugo nunca fui.

En esos días no llegaba más que a mozalbete de medio pelo, eso sí, fornido de la espalda, pero con ancas de rana todavía. Las manos ya las tenía con callos para aguantar los varazos que vinieran. No tuve miedo de lanzarme al desierto, a las puertas vecinas, a buscarme el alimento lejos de las enaguas de mi madre. Nunca temí al trabajo; más bien, tenía la convicción de que sólo así uno se salvaba del demonio. Comía las bestias que iba matando, las piezas de ganado desperdigadas; la carne, pues, sin sal. La fama me iba pisando los talones: que si yo era un usurpador de trabajo, que si me las cobraba con piezas del ganado; que si era un asesino a sueldo de hombres y de reses. Pero nada más lejos, yo sólo iba buscando labores en las distintas haciendas, un día aquí, otros allá, hasta que alguien comenzaba a preguntarme más de la cuenta y entonces cambiaba de rumbo. Araba la tierra, pizcaba hierbas hasta que me sangraban las manos; labraba con tanto ahínco que hasta soñar se me olvidaba durante varias noches.

Así fui conociendo la pobreza de mi gente, los maltratos más injustos y más groseros contra los peones, contra los trabajadores. Los méndigos caciques eran el mismísimo demonio en persona, unos hijos de la chingada, peores que los propios patrones. Se aprovechaban de la ignorancia de los peones, de su analfabetismo, de su necesidad. Todos decían que eran cercanos al señor presidente Díaz, y si no a él, a su secretario Limantour, y si no a él, a su ministro de Guerra, y así todos se la pasaban exhibiendo su clase alta sostenida por miles de pobres mexicanos que no hacían sino aguantar a lo macho aquella situación de miseria. Eso era Chihuahua: tanta tierra en bien pocas manos, unos cuantos canijos hacendados a quienes fui conociendo uno por uno en aquellos años: los Terrazas, los Creel. Pasé por cada una de sus tierras, las trabajé, recibí su dinero, casi siempre, por mis horas de entrega. Todo lo controlaban, todo lo decidían: que si sembraba esto, que si la cosecha valía tanto, la carne a tal precio, que si los peones les pertenecían, que si todo; ellos eran Dios, y no había vuelta de hoja. Las pinches vacas siempre estaban mejor alimentadas que nosotros, y valían más. Si uno de los peones moría, nomás lo enterraban y lo sustituían al día siguiente. Pero ay de aquél al que se le muriera una vaca, ya fuera por enfermedad o calor o qué sé yo, porque entonces sí los reatazos que le caían en la espalda eran infames, todos dados por los capataces jijos que también se creían entre españoles y gringos, los altaneros. De repente se escuchaban noticias de la capital: que Porfirio iba a dejar que otro gobernara, que ahora sí ya no iba a haber caciques. Puros rumores, insisto, porque el norte siempre estaba lejos de las políticas públicas.

Errante anduve varios años, y por confiado, en una de esas etapas de hambre fui acusado de robar dos tristes armas y unas reses: corría 1899. La verdad del hecho distaba de lo que los policías zopencos me atribuyeron. Había tomado unos rifles de poca monta para darle a algún animal que pudiera servirme de alimento, en esos días en que no había cosecha y la panza dominaba a la razón; cuando me atraparon las autoridades cerca de Parral, entre tres para no errarle, me metieron a medianoche en una húmeda celda. Pronto vieron que no era una bestia fácil, y como todos le hacían el feo al ejército, siempre dejado de la mano de Dios, se les ocurrió cambiarme los días de cárcel por el ingreso a las filas del batallón. Ah, miserables soldados, todos tan muertos de hambre: la vida con ellos fue más escasa que la existencia de forajido afuera. Pobre del que tuviera la mala idea de desertar de las filas del ejército porfirista, porque nomás no la contaba. Durante un par de meses intenté liberarme de ese lastre y fui encarcelado, nuevamente, por intento de abandono. Pero yo no dejaba la idea de correr a mi tiempo, de dejar las filas de los que no hacían nada por salir del atolladero y seguían obedeciendo ciegas y tontas órdenes.

Así que midiendo el agua, sabía que mi celador dormía profundo cada que llegaba la noche. Esperé a que se quedara jetón y, tomando una piedra del piso de mi paupérrima cárcel, le propiné un golpazo que lo dejó inconsciente por varios minutos; escapé a pata y me interné nuevamente en la sierra durante unas semanas. Luego, con otro nombre y más pelo en el rostro, me puse en camino para encontrar qué hacer de nueva cuenta. Me dijeron que buscaban gente para trabajar en las minas propiedad de unos gringos; ni tardo ni perezoso me uní a esos menesteres y a otros, como el de arriero, y al abigeato y la pizca y lo que se ofreciera.

Algunas cosas se me quedaron más grabadas en la memoria que otras. Después de tanta cosa, tanto acto, tanta proclamación, la memoria es selectiva y escoge lo que la ayudó a formarse, nada más.

En 1908 me contactó don Abel Pereyra para llevar a cabo un trabajo un tanto más difícil que el de andar robando ganado. Había sido despojado de su hacienda de Guadalupe de la Rueda, en Parral, y se sentía defraudado. Por esos días andaba yo casi de mano sudada con Tomás Urbina, no nos separábamos porque nos cuidábamos las espaldas. La hacienda la había tomado en arrendamiento don Aurelio del Valle, y el encargo era precisamente matar a don Aurelio. Cabildeamos un poco sobre hacer el mandado o no, y luego consentimos en que sí lo haríamos. No sólo era tomar algo por la mala, en parte era hacer justicia. Ése fue un verdadero asalto: llegamos de improviso a la finca y le disparamos a don Aurelio. Fin de la historia. Proseguimos de aquí para allá, a salto de mata, buscando una manera de hacer la vida.

Poco a poco me fui haciendo de un grupo de entre siete y diez hombres con los que iba a buscar trabajos; yo negociaba el contrato, lo ejecutábamos y partíamos a otra cosa. Entre ellos estaban Nicolás Saldívar y, por supuesto, Tomás Urbina.

Recorrimos el estado de Chihuahua de cabo a rabo para darnos cuenta de la injusticia en que se vivía, del abandono y el abuso de tantos señores. Había una urgencia de cambio agrario, de una guerra contra el poder.

Poco a poco fuimos haciéndonos de gente que pensaba igual, reuniendo hombres y hasta viejas a quienes ya se les había llenado el saco de piedritas, bien cansados del hambre y la falta de mejoría en las condiciones de vida. En el quehacer del abigeato pude ir haciendo un ganado pequeño y propio que nos servía para vender carne a precio por debajo del que establecían los latifundistas; eso sí, en cuanto los capataces de los distintos caminos se enteraban, amenazaban con aprehendernos, sobre todo a mí, que tenía la voz más fuerte, pues, y tenía que partir a otro sitio a continuar mi cometido.

Así de manipulado estaba el mercado, como quien dice. Así de imposible la vida, sólo de bandolero podía subsistir, qué más.

Hay unos que pueden no actuar ante la catástrofe: se paralizan como puercoespines después de tirar sus púas. Y están los otros como yo, quien les habla en estos recuerdos desde la tumba, o desde el polvo que va dejando el viento, porque hace mucho que no regreso a ese lugar de Hidalgo del Parral que es mi sepultura, y más bien deambulo por el carajo y la chingada en busca de justicia; ésos como yo sabemos que a lo hecho, pues actuar. Así empezó mi vida, al menos la que la historia recuerda y la que me encargué una y otra vez de contar: tomando las riendas del destino, encarando la jodida adversidad.

Pero, ¿no habrán sido todos mis actos un único grito de venganza frente al agravio a Martina? Un pinche grito lleno de miedo y de violencia, de pólvora y sangre, que exigía justicia. Una justicia que, ahora lo sé de sobra, no se da y no se ha dado nunca en esta tierra.

V

No puede haber dictador sin su ejército

Confiar en Huerta, sólo un ingenuo o alguien de muy buen corazón, como don Francisco I. Madero. Yo, que siempre fui muy hombre, al enterarme de la mísera manera en que había muerto el presidente Madero a manos de ese judas de apellido Huerta, lloré. Yo lo sabía, lo sabía: ya le había jugado chueco no sé cuántas veces y aun así, siendo como era de generoso el señor Madero, lo perdonó y aún peor, lo volvió a emplear en su plan de gobierno.

No puedo negar que desavenencias tuvimos muchas don Panchito y yo, pero nunca dejé de expresarle mi admiración y lealtad por su valentía al desatar una guerra tan justa como la Revolución mexicana. Antes de morir, ya me había extendido sus más enérgicos perdones por todas mis faltas, si las tuve.

En 1910 todos escuchamos del señor Madero y de sus ideales de libertad, y los intentos por conseguir una oportunidad para cambiar de gobierno ya se daban en todos lados y con todos los argumentos, pero Porfirio Díaz sólo nos daba atole con el dedo. Fue entonces que en Chihuahua conocí a don Abraham González y él a su vez me invitó a unirme a su lucha antirreeleccionista. Allí en el estado los que no teníamos una gran hacienda, que éramos todos descontando a tres familias, seguíamos las habladurías sobre el señor Madero, con excepción de los que sentían que el país no necesitaba cambiar y debía conservar los favoritismos; el resto de la población sabía que había llegado la hora de renovarse, por las buenas o por las malas. El día y la hora acordados, llegué con mis muchachos a La Cueva Pinta para iniciar con Cástulo

Herrera, el líder sindical de los caldereros, el movimiento maderista al que nos había invitado don Abraham González, cercano al señor Madero y jefe del Partido Antirreeleccionista en Chihuahua; desde entonces nació nuestra admiración por don Panchito, lo seguimos y nos unimos a su valiente levantamiento del país contra la dictadura de Porfirio Díaz. No hubo más entusiasta participación y más fieles seguidores que los mexicanos del norte. A partir del 16 de enero de 1910, cuando llegó a la Quinta Santa Elena, en Chihuahua, las ideas de Madero, en ese entonces vicepresidente del Centro Antirreeleccionista de México, se empezaron a dispersar por toda la región: contrastando con la casona tan porfiriana, sus palabras sobre la insoportable situación del país, gobernado sin democracia y sin libertad, se hicieron sentir. No necesitábamos más un gobierno paternalista o tiránico; tampoco que Díaz nos dijera quién debía quedar en su lugar, es decir, no íbamos a permitir que lo sucediera Ramón Corral. Debíamos unirnos para luchar por los derechos del pueblo: de reunión, de manifestación política.

—En Chihuahua no hemos venido a sembrar, hemos venido a cosechar el fruto del esfuerzo de algunos ciudadanos honrados, entre los cuales resalta la figura de vuestro presidente, el digno ciudadano Abraham González... Los que nos oprimen son pocos, y si los hemos tolerado por tanto tiempo es porque esperábamos pacientemente que evolucionaran por sí solos. Ha sido un error creer que la libertad puede venir de nuestros gobernantes. En ningún país del mundo los gobernantes han dado libertad a los pueblos, sino cuando los mismos pueblos la saben conquistar y defender. La libertad es el don más preciado de los pueblos, es el que les trae los mejores beneficios, y un pueblo que no sabe defenderla no es digno de disfrutar de sus dones bienhechores.

Sus frases retumbaban en mi corazón y mis entrañas, no había más fuera de esa lujosa palabra cuyo significado los mexicanos desconocíamos: *libertad*. A mis treinta y un años no había otra cosa que yo anhelara más para esta tierra.

Al grito del 20 de noviembre de ese mismo año, con armas recolectadas por todo el norte, hicimos retumbar la tierra. Muchos me siguieron cuando enfurecidos empuñamos los rifles, las carabinas, los cuchillos y los palos en El Tecolote, en las goteras de Chihuahua: los primeros héroes que cayeron fueron arrojados a una noria en el antiguo Panteón de Santa Rosa.

Las fuerzas federales estaban prestas a hacernos sucumbir, pero muy pronto les caímos de sorpresa junto al general Pascual Orozco y el general Cástulo Herrera: los pusimos de patitas fuera del estado. La mancuerna que hice sobre todo con Orozco, a quien le había ido mejor que a mí en la vida, bien nos ayudó a dominar la entidad completa; quién diría que después tendría que perseguirlo por traidor. Allí comenzó mi lucha por una patria justa que le diera de comer a todos, que les permitiera vivir honradamente. Con apenas cuarenta hombres, hice huir a los federales y conseguí que Chihuahua se volviera el bastión del movimiento. Mi primer desencuentro con el señor Madero resultó, sin embargo, en el triunfo de la Revolución. Él me había dado la orden de retirarnos de El Paso por miedo a que Estados Unidos se sintiera agredido y entonces se complicara el movimiento interno, pero no sabía que ya todos teníamos preparadas las pistolas, listos para hacer que Porfirio Díaz nos tomara en serio. Junto a Pascual Orozco tomamos Ciudad Juárez, con un triunfo tan apabullante que a éste le siguió la admisión de Díaz a tener elecciones libres. El presidente electo fue Francisco I. Madero.

Yo hubiera apostado a que después de eso ya podía retirarme a mi vida en paz, con mis gentes, a vender carne, a sembrar mi tierra y estar con mis hijos, pero la guerra apenas venía comenzando. Ya estaba el cometido de tener a Madero en el poder, pero Orozco no había recibido el Ministerio de Guerra que él mismo se adjudicaba desde antes; en su lugar fue nombrado Venustiano Carranza. Tras el coraje de no verse recompensado por la Revolución, Orozco desoyó las órdenes de Gobernación de combatir en el sur a Emiliano Zapata, y se proclamó de frente contra Madero. Con tal estado de cosas, yo me mantuve fiel al presidente: tuve que pelear contra Orozco y me uní a las tropas que ya comandaba el general Victoriano Huerta. Pero desde el primer saludo de a pie no pudimos evitar el quiebre entre los dos, la distancia entre su entendimiento y el mío, su desprecio por los analfabetas como yo y el mío hacia los de la capital. Cuando llegó Huerta a Chihuahua, rápidamente mis hombres me avisaron que entraba un ejército de hombres a caballo que venía a auxiliarnos; los míos tomaron prestados unos de sus animales y Huerta encontró el pretexto ideal para acabar conmigo. De palabras nos hicimos en cuanto nos vimos y nos lanzamos a los balazos; si no es porque uno de sus subalternos se interpone entre sus balas y mi pecho, allí mismo hubiera terminado mi leyenda. Sin embargo, el coraje no se acabó y me aprehendió por rebeldía contra el presidente Madero. Desde Chihuahua hasta la cárcel de la capital, no recibí gota de agua ni de consuelo alguno. Mi pecado había sido no doblegarme como lo hacían todos sus hombres ante su merced. No se le podía cuestionar por qué parecía luchar en contra de los revolucionarios partidarios de Madero y no contra Orozco, que sí quería desestabilizar al gobierno. Al llegar a la Ciudad de México me llevaron a la penitenciaría y luego a la cárcel militar, como si hubiera sido yo un bocón o un traidor. Le escribí entonces una carta al señor presidente, él bien que me conocía, rogándole su intervención para que me liberaran de un absurdo encarcelamiento, mientras afuera todos conspiraban en su contra. No tuve respuesta. Le reiteré mi lealtad, le dije que llevaba cuatro meses sufriendo calumnias y acosos de los que temían que les quitara el puesto o la gente. Yo no era como ellos, no perseguía el poder ni el dinero. No me importaba que me hicieran lisonjas; quería que se recobrara la paz y construir una nueva patria. Yo no ambicionaba, como Orozco, el mando del ejército, antes bien creía que debía desaparecer una vez que se recobrara el país y la democracia reinara. Le dije a Madero que me contara entre sus amigos, que lo quería ayudar. Que si de plano me pensaba fusilar, que le quedara grabado que yo ni siquiera había cobrado por el acarreo y dirección de gentes allá en el norte a favor de su causa. Todos los cargos de que me acusaba Huerta eran mentira, ni me robé sus armas ni le tomé sus yeguas remilgosas. Lo suyo era una afrenta personal, ya me había querido formar un cuadro de fusilamiento en Chihuahua; «Terminen de una vez con el general de irregulares», había ordenado, pero Raúl Madero y el coronel Rubio Navarrete, a sabiendas de mi lealtad al presidente y la simpatía que él me tenía, se lo comunicaron de inmediato. La orden para evitar, una vez más, mi absurda muerte, vino del presidente, que mandó me llevaran a la Ciudad de México en calidad de culpable. Con el silencio como única respuesta a mi misiva, no me quedó de otra más que, como siempre y ya con la experiencia que me cargaba, huir. Esta vez más allá del charco, o a Texas, en Estados Unidos: necesitaba un lugar donde pudiera hacer acopio de valor para seguir la lucha, analizar para qué la guerra y reiterarle mil y una veces a Madero que yo era de los suyos. Pero ya no pudo saber de mi lealtad, fue ejecutado de manera cobarde por el mismo judas que a mí me confinó a la cárcel: Huerta, que traicionó igualmente a don Abraham González, el amigo que nos presentó al señor Madero y a mí y cuya fe en el presidente era ciega. Fue un duro golpe para mis ocho hombres y para mí enterarnos de la usurpación, del magnicidio.

Debíamos levantarnos del suelo y continuar la lucha que iniciara el presidente asesinado. Así, con Miguel Saavedra, Darío W. Silva, Manuel Ochoa, Pedro Zapién, Juan Dozal, Carlos Jáuregui y Pascual Toscano, constituí la base de la División del Norte. Allá en El Paso, Texas, habíamos hablado con varios gringuitos mientras reuníamos armas; organizábamos peleas de gallos, de box. Pulir las navajas de los gallos encrespados me procuraba sobre todo el descanso mental que necesitaba. Me parecía igual que la batalla con los antirrevolucionarios, todo dependía de cómo estuviera colocada la navaja, de cómo uno se moviera a la hora de enfrentar al enemigo.

Hacíamos estrategias para regresar a Chihuahua y vender carne, para apoderarnos de un ganado decente, para iniciar otra vida de cero.

En mi corazón todavía releía las líneas que a bien me había mandado publicar el presidente en varios diarios de El Paso, reportando que ni era yo un bandido ni un homicida y que siempre había actuado en legítima defensa, la propia y la de la justicia, reiterando que no sólo el gobierno provisional que me había conferido el grado de coronel estaba en lo cierto sino que él, en su calidad de presidente de México, lo confirmaba. Tras esta reivindicación y su posterior deceso, nosotros tuvimos que movernos, enviar misivas a diferentes jefes en el estado y en el país, retomar Chihuahua y tratar de hacernos con las riendas de aquel desastre despótico de Victoriano Huerta. Así organizamos la División del Norte, para luchar contra las Acordadas. Así estuvimos: luchando y huyendo a las montañas, ocultándonos. A nuestro paso por las rancherías, por Distrito de Galeana, por La Ascensión, por las montañas de San Andrés, la gente se nos iba uniendo, unos dejaban sus casas y familias, otros nos alimentaban o nos daban sus yeguas, sus caballos. Poco a poco fuimos relegando a las fuerzas federales a la capital, en poco menos de ocho meses nos habíamos alzado con el norte: Coahuila, Durango, íbamos para Torreón, pero necesitábamos un solo jefe, y allí fue cuando fui designado por todos los revolucionarios como jefe de la División del Norte la noche del 29 de septiembre de 1913, a un lado del río Nazas, bajo una noche estrellada.

Mucho me han criticado pero lo único que pido, quizá por eso ahora hablo desde el polvo de la nada, es una oreja atenta que sepa por una vez en la vida escucharme. ¿Es mucho pedir su atención, su valioso tiempo?

Éste es el lamento de un fantasma que se niega al olvido.

VI

La artillería intimida

Donde manda capitán no gobierna cuatrero —o bandido, como les encanta llamarme—, y para Carranza siempre fui el segundo y nunca con miras a ascender en tal jerarquía. Pues cómo no, él era leído, yo no; él sabía de mandatos y de las necesidades de peones, hacendados y gobernantes, de la estrategia militar, yo no. Nuestra enemistad a muerte fue casi personal, poco tenía que ver la patria, nada la Constitución.

Nuestras desavenencias habían comenzado desde antes que se declarara presidente recargándose en el Plan de Guadalupe y luego en su improvisada Convención de Aguascalientes. El Plan era sólo un comunicado que no establecía reforma alguna, nada de solucionar la problemática social, de repartir la tierra: lo único que hacía en él era autoproclamarse Jefe del Ejército Constitucionalista, por encabezar la lucha contra el gobierno espurio de Victoriano Huerta. Cuando así fue reconocido, poco faltó para que muriera yo de risa, que hubiera sido mejor que desangrado. Los puntos descritos resultaban una obviedad: se desconocía a Huerta y a todos sus poderes, Legislativo y Judicial, y a los que insistieran en reconocerlos como autoridades, y se denominaba Primer Jefe al gobernador constitucional del estado de Coahuila, ciudadano don Venustiano Carranza. Éste, al entrar en la Ciudad de México, se encargaría del Poder Ejecutivo como presidente interino. Cuando se hubiera conseguido la paz, convocaría a elecciones.

Protegido tras aquellas ideas de supremacía, Carranza me desconoció porque le reclamé que el pueblo no se llevaba nada del triunfo de la Revolución. Y para qué son las guerras sino para arreglar las cosas de los más necesitados, no de los poderosos.

Enrabiado seguí la lucha con mis Dorados y cómo no, capturé plazas como la de Ojinaga. Mi intención era demostrar que sí se podía hacer justicia y regresar la tierra a quien la araba. Así fue que en los dominios de Chihuahua, con el general Manuel Chao, expedí un decreto concediendo veinticinco hectáreas de buena tierra, confiscada a los enemigos de la Revolución, a todo varón mayor de edad que pudiera trabajarlas. El decreto se extendió a cada paso que fuimos dando en los estados de Durango y Coahuila. «Considerando que el principal motivo del descontento entre el pueblo de nuestro estado, que le obligó a levantarse en armas en 1910, fue la falta absoluta de propiedad individual y que las clases rurales no tienen medios de subsistencia al presente, ni ninguna esperanza para el futuro, excepto la de servir como peones en las haciendas de los grandes terratenientes, que han monopolizado la tierra del estado... Considerando que la fuente principal de nuestra riqueza nacional es la agricultura, y que no puede haber verdadero progreso en ésta sin que la mayoría de los agricultores tengan un interés personal en hacer producir la tierra... Considerando, finalmente, que los pueblos rurales han sido reducidos a la más honda miseria, porque las tierras comunales que poseían han ido a aumentar las propiedades de las haciendas más cercanas, especialmente bajo la dictadura de Porfirio Díaz; con lo cual han perdido su independencia económica, política y social los habitantes del estado, pasando del rango de ciudadanos al de esclavos, sin que el gobierno sea capaz de elevar el nivel moral por la educación, porque la hacienda donde ellos viven es propiedad privada... El Gobierno del Estado de Durango declara una necesidad pública que los habitantes de las ciudades y pueblos sean los poseedores de las tierras agrícolas.»

Cuando rompimos relaciones, pasé de ser jefe de la División del Norte a bandolero de Chihuahua, de Durango, de Torreón, de Zacatecas. Pero para la gente del pueblo, la de a pie, tras la toma de Ciudad Juárez jamás representé tales adjetivos. Para ellos yo era el jefe de los Dorados, por el uniforme café deslavado que portábamos, además de nuestros sables de acero toledano con cabezas de águila, nuestras pistolas Smith & Wesson con cachas de concha y rifles .30-40. Los Dorados nos caracterizábamos por luchar conforme a los estatutos de la Constitución; sin embargo, una serie de batallas fueron las que nos dieron validez ante el pueblo y ante la Historia, y una quedó para dar testimonio de quién fue quién: la que inició con la caída de la plaza de Paredón y culminó en la toma de Zacatecas. El 17 de mayo de 1914, Carranza me había sorprendido cambiando la estrategia de irnos contra Zacatecas, que era el fortín federal; me ordena irme contra Saltillo. Pero yo, terco como mula, sabía que era necesario irnos con el plan y no alejarnos del punto final que era la capital. Insisto, lo obedecí hasta que la decencia me lo permitió y atacamos, pues, Zacatecas. A la gente zacatecana, bien que le quedó en la memoria el arribo de las tropas:

Voy a cantar estos versos,
de tinta tienen sus letras:
voy a cantarles a ustedes
la toma de Zacatecas.

Mil novecientos catorce,
mes de junio, veintitrés,
fue tomada Zacatecas
entre las cinco y las seis.

Gritaba Francisco Villa
en la estación de Calera:
vamos a darle la mano
a don Pánfilo Natera.

Ya tenían algunos días
que se estaban agarrando,
cuando llega el general
a ver qué estaba pasando.

Cuando llega Pancho Villa
sus medidas fue tomando:
a cada quien en su puesto
los iba posicionando.

Les decía Francisco Villa
al frente del batallón
para empezar el combate,
al disparo de un cañón.

La toma de Zacatecas fue para nosotros el mensaje definitivo de lo que valían nuestras fuerzas constitucionalistas, pero también el parteaguas entre los carrancistas, o mejor dicho, entre el méndigo Carranza y un servidor. Tras mandarme a Saltillo, Carranza en dobles juegos había enviado sorpresivamente al general Pánfilo Natera y a los hermanos Arrieta a atacar la importantísima plaza de Zacatecas. Los revolucionarios iniciaron los combates el día 10 de junio pero con resultados negativos, pues en todos los asaltos fueron rechazados por las tropas del general Luis Medina Barrón; ello obligó a Natera a solicitar refuerzos para continuar los ataques. Allí sí, Carranza no tuvo de otra que ordenarme ir a salvar a su gente que sucumbía ante los huertistas: envié así a cinco mil de mis hombres a las órdenes de José Isabel Robles o de Tomás Urbina. Pero qué sabían ellos, mejor tomé yo las riendas de la División, y haciendo caso omiso de las contradicciones de Carranza, que quería evitar que yo llegara al sur, tomé Zacatecas. Entre dimes y diretes le renuncié a Carranza, que ni tardo ni perezoso aceptó mi marcha, pero la gente que me era leal, encabezada por el general Felipe Ángeles, el cerebro de toda la estrategia militar constitucionalista, acordó desconocer al Primer Jefe por la misma vía telegráfica que había servido de medio de incomunicación. No fue insubordinación, fue más bien razonamiento; de no haber avanzado hacia Zacatecas, otro gallo les habría cantado. Y cuando sucedió el triunfo, se lo hice saber a Carranza, pero ya todo entre nosotros estaba roto.

Desmoronamos a los federales y tuvo que presentar ante el Congreso de la Unión, el 15 de julio, su renuncia el traidor Victoriano Huerta, cumpliendo yo así mi venganza personal por el artero asesinato del señor Madero, sucedido aquel fatal febrero de 1913. Los fieles de Carranza se movían veloces mientras tanto. El 25 de marzo de 1914 el cuerpo del Ejército del Noroeste, a cuyo frente andaba Obregón, salió de Navojoa para triunfar sobre los gobiernistas en Tepic, y luego se fue marchando hacia Guadalajara para después establecerse en Querétaro junto al general Pablo González. Juntos se fueron a Teoloyucan, Estado de México, escoltando por fin a Carranza, quien ya se veía en la silla del poder. Antes de entrar en la capital se le pidió a Francisco Carvajal, presidente interino tras la renuncia de Huerta, la rendición. Carranza bien sabía que esa renuncia me la debían a mí, pero como afirmo, yo le hice mucha sombra y nunca me consideró siquiera como un peón en su ejército de lambiscones.

A mis espaldas, los carrancistas regaban por doquier rumores sobre los despojos y desastres que los villistas iban dejando a su paso, los sembradíos que destrozaban sin dejar a cambio ni un centavo. Así, ya no sólo los carrancistas, sino distintos grupos de alzados hacían desmanes aquí y allá en nuestro nombre; pero si algo tenían mis hombres era que no arrojaban la piedra y luego escondían la mano. Todos habían sido reclutados por tener una mirada recia, sincera, por ser hombres de paz obligados a lanzarse a la guerra justa.

VII

MATAR UNA HEMBRA ES MATAR DIEZ MEXICANOS

Me fui de la vida sin deberle nada a los hombres. Con quienes sí quedé en deuda, y mal, fue con mis mujeres, pues hubiera querido darles más y hacerlas sufrir menos. Ninguna podría decir que no la quise: de verdad, cómo las amaba. Y también, en honor a esa verdad, no merecí ni una sola de las lágrimas que por mí derramaron. A todas les debo algo. Fueron ellas las que me salvaron de morir, de ser un verdadero cabrón, de traicionar, de olvidarme de quién era. Desde chamaco decidieron mi destino. Primero mi madre, que me expulsó al mundo y me convirtió en un hombre por todos lados; después mi hermana, que siendo de gran humildad, me enseñó sobre el servicio y la entrega incondicional a los que amamos, pero además porque su historia se juntó con la mía al salvarla de las garritas del patrón; allí escribí otra canción. Las mujeres siempre me hicieron tocar tierra, andarme a las vivas, saberme mortal. Desde bien temprano, y sin padre que a uno lo guiara y le dijera cómo eran esos menesteres del amor, tuve a bien enamorarme de cuanta mujer me veía bonito, y de cualquiera que yo mirara de buen ver. No recuerdo a ninguna que se me hubiera negado. Se hacían las difíciles, unas, pero terminaban por ser cercanas.

Un día, no tendría más de doce años, una muy joven viuda me asaltó en la cosecha: sin que nadie se diera cuenta, se sentó sobre mí y dos segundos después supe que eso era el amor. Después de esa vez la busqué por todas partes, pregunté por ella, pero nunca volví a verla. La tierra se la tragó y yo soñaba con encontrarla y tocarla en mis noches más febriles de amor propio.

Después de ese encuentro, conquistar y atraer al sexo opuesto fue muy fácil, se me daba el arrejuntamiento. Eso sí, yo a ninguna desgracié, a todas les di en la justa medida de sus servicios de amor y de sus hijos. Nunca negué a nadie: si me preguntaban si el chamaco era mío, pues a mucho orgullo contestaba que sí, lo era. Les daba sus pesos para que no les faltara nada. Como no creía en eso de que Dios bendecía sólo una unión y quedabas atado para siempre, o más bien y para acabar pronto, no creía que los padres representaran a Dios, pues a muchas les di el gusto de casarse conmigo mediante una bendición extraoficial de la Iglesia. Ya con ese visto bueno del párroco de la comunidad, en sus pueblos y en sus casas las respetaban.

En ese rosario de mujeres, los misterios dolorosos son de la señora Luz Corral, quizá la que ha de tener mayores motivos para llorarme, para odiarme, y hasta para extrañarme. La conocí muchachilla, yo ya llevaba camino andado. Pasé por su tienda de abarrotes en San Andrés, Coahuila; ella se portaba como la dueña, aunque era de sus padres. Nomás me vio entrar, abrió tamaños ojos y paró la trompa sin mirarme, ladina. Yo, con mis treinta y tantos años, pues ya traía cola que me pisaran en cuestiones de amor y familia, pero no podía sino divertirme con la ingenuidad de la morrita que, altanera, nomás me daba picones para que siguiera volviendo a la tienda de vez en vez. Era 1911, Luz tenía diecisiete años, y tras el mostrador de su tienda me echaba tremendas miradas como para que de una vez me la comiera. Además fue muy generosa, con la anuencia de su madre, que apenas si podía respirar, nos fio mercancías para la tropa. Eran días difíciles, de andar de aquí para allá salvando a la patria mientras vivíamos de prestado. La Güera y yo le dimos rienda suelta al hilo del amor, y a pesar de tanta calamidad fuimos medianamente felices. En esos años le prometí que le pondría una casa para que la administrara y la llenara de chiquillos, y entonces accedió a matrimoniarse ante Dios. Así lo dije y lo cumplí: nos casamos en San Andrés, tras los Tratados de Ciudad Juárez. Vestida de blanco, como lo había querido, con flores por doquier hasta saturar el ambiente de su nauseabundo aroma, la hice mi esposa ante Dios y las leyes de México; parecía que ya sólo venían tiempos de hacer hijos y trabajar la tierra, criar ganado y vender carne. Ocho meses después, Lucecita de Villa daría a luz a un niño muerto. La tristeza la apagó por un tiempo y yo no tuve a bien detenerme a juntarle las lágrimas, porque apenas si había tregua tras la renuncia de Porfirio Díaz a la presidencia y el señor Madero peleaba con dragones. Por darle el gusto, a mi regreso tras la derrota de la División del Norte, allí mismo en su casa, en San Andrés, el juez nos casó de verdad el 16 de octubre de 1915.

Cuáles tiempos de paz. Pobre de mi Güera Luz Corral, si a ella le tocó lo más difícil del camino, porque tras mi huida a Estados Unidos y mi regreso, y después la proclamación de Carranza de que yo era un forajido, tuvo que huir con nuestra hija y mis hijos al extranjero. En aquellos días fue que comprendió que siempre sería la primera, pero nunca la única; será que por entonces mi Luz supo exactamente que mi corazón necesitaba de manos diferentes todas las noches. Nunca hizo reclamos ante mi ausencia a veces prolongada, ya fuera porque andaba en Ciudad Juárez en algún menester, o porque no se me había pegado la gana regresar a su lecho. Cuando volvía de mis asuntos me recibía candorosa y sin preguntas; eso sí, metía mi ropa completita a un cazo con lejía, para hervirla a fuego lentísimo. Muchas de mis prendas nomás no aguantaban la purificación y desaparecían, pero también eran tiempos mediana y fugazmente prósperos, en los que pudo darse el lujo de tirar mis pantalones si no se les quitaba el olor a otra mujer. Con mi asociación con Federico Moye, nuestro comercio con las cabezas de ganado venía a más. Luego vinieron tiempos de que fungiera como primera dama de un estado como Chihuahua, en jaque constante. En 1915 la tuve que sacar a Cuba, pues las cosas otra vez pintaban para que los enemigos nos mataran.

Desde ella, todas y cada una de mis grandes compañeras de guerra y de paz sólo me dieron serenidad, hijos, amor, apoyo, cuidados, me alimentaron y procuraron. Claro que hubieron las recias, las respingonas como yeguas salvajes, que eran las que me gustaban por juguetonas, por difíciles; al final fueron las que más duraron con un servidor.

Entre mis cargos de conciencia, qué más da, pues sí está el que muchas de esas mujeres vivieron conmigo la más triste historia, sobre todo las que tuvieron la mala suerte de conocerme por unas horas, por unos cuantos días, cuando anduve en los años infames de la guerra, entre 1911 y 1918. Si la luna tiene dos caras, pues sí, a ellas les tocaba la parte más oscura, porque llegábamos a los pueblos y entre tanta miseria la única felicidad la daban ellas. Las mujeres siempre me dieron la seguridad de sentirme vivo y esperanzado, aunque en estos trances, por ellas también me gané muchos enemigos. Varios quisieron matarme, pero a bien, no estaba en mi destino morir por razones de amor. El reclamo era porque las había dejado panzonas, y yo me enteraba ya hasta que venían con la pistola desenfundada; nunca lo supe a tiempo para remediar en algo el mal. Otra era porque de plano se sentían deshonradas, aunque en medio acto yo supiera que querían estar con el héroe del norte. Ellas sí debieron llorar cuando me fui, aunque no sé exactamente si de tristeza o de odio. Al final saben que no fui un hombre malo, sólo me acostumbraron a reaccionar como el ganado: si hay atracción de por medio, pues haces perdurar la especie y gozas el momento, qué canastos.

A muchas me las trajeron sus padres; de sus manos las tomé, pues. La mayoría, en los últimos años, venían a aprender algo en la escuela o a ayudarme en alguna labor aquí en la hacienda; principalmente a ésas las traté con más ternura, con más cuidados, porque me recordaban a mi hermana la Martina. Cuando tenía su edad, mi madre buscaba desesperada dónde colocarla para que aumentara su valor como mujer.

Así, obligado a dar cuentas, con varias me casé por las leyes, las que quisieran, después de todo, pues a mí nadie me decía que no y menos en cuestiones de amor. Llegábamos y pedía que quien estuviera en la iglesia o el juzgado nos diera la bendición, y a ver, que me rezongaran. Pues no, nadie se atrevía porque yo tenía la razón, el amor no se le niega a nadie. Si lo que querían las mujercitas era vestirse de novias y llevar florecitas para ser felices, pues eso les cumplía: hacía cualquier cosa por ellas, a ninguna violenté, eso por seguro. Luego sé que Luz Corral de Villa se enteraba, y ya nomás sonreía mientras daba vuelta a su tejido de ganchillo.

Por eso es que tal vez la Güera —Luz, Lucecita— tendría que cobrar más por mi deceso, pues ella habrá de derramar más lágrimas que nadie, incluso más que Betita Rentería, más que Chonita, ahora que ya no estoy.

Tras el milagro de salir vivo de mi lucha contra los pinches gringos, mi Luz se quedó en Estados Unidos. Siempre atenta a mis hijos que no eran de ella, a mis desmanes, a mis triunfos, Luz antes que nada fue mi amiga y mi otra madre. Tuvo que dejar la Quinta Luz y salirse para La Habana, luego para San Antonio, y así hasta que me dieron la hacienda de Canutillo y entonces sí, le dije que regresara a vivir en paz, la fui a traer del extranjero para que gobernara la hacienda como sólo ella.

—Miguel, tráete a la Güera, que ya estuvo bien de que ande deambulando como si no tuviera patria ni marido que la defienda. Dile que regrese de inmediato como señora y dueña de esta casa.

Pero las mujeres juntas ni difuntas, y para qué les digo la que se armó cuando descubrió mis amores con Austreberta Rentería; de tajo, ya no quiso compartir ni media hectárea con la susodicha. Yo había traído a Betita para que le ayudara en las labores del hogar, para que le echara la mano con todos los escuincles y sus madres que ahora vivían allí, en Canutillo, pero el orgullo necio la cegó, como si hubiera sido la primera vez, y se fue de la casa. No dijo ni una palabra, como era su costumbre, altanera siempre como a mí me gustaba. Y bueno, si algo me caracterizaba es que nunca me anduve con tapujos, las mujeres me gustaban, y qué. A su salida, Luz pidió hablar hasta con el mismo Obregón, nada más para enseñarme de qué estaba hecha, y se retiró con mi hermana Martina.

Austreberta, Betita, se quedó como dueña y señora de ese paraíso que fue Canutillo. Lo disfrutó a sus anchas, desdeñó a varias de las que me ofrecieron noches de ocio y calma, pero me hizo feliz a su manera. Atenta a mis necesidades, se encargó de que anduviera todo con precisión de reloj suizo. También puedo decir que al final me gustaba más para generala ahora que la Luz se había retirado, y por eso la Manuelita apareció en el camino, pues no sólo de flores en la mesa vive el hombre, me justificaba yo.

Insisto en que no olvidé a ninguna de mis mujeres. Al final de mis días, y sin saber que esto se terminaba, como pude le pedí a mi secretario, Miguel Trillo, que fuera a buscar a todas las que tuvieran un vástago mío para que vinieran a vivir a la hacienda. Allí yo los alimentaría, les daría trabajo y, sobre todo, educación en la escuelita «Felipe Ángeles».

En este examen de conciencia debo nombrar a todas las que son herederas de esta sangre revolucionaria. Varias de estas muchachitas se me pasearon enfrente queriendo que el general Villa les hiciera el favor; muchas abiertamente me dijeron que querían un hijo mío. No les iba a decir que no. No conocí a todos mis retoños, sé que muchos terminaron al otro lado de la frontera, con los güeritos, y que ésos, sobre todo, no llevan mi nombre y quizás ni saben que mi sangre es la misma de sus venas, pero por sus frutos los conocerán, y sé de cierto que tarde o temprano se han de delatar.

En el último año estuvo mi Chonita, Soledad Seáñez Holguín, a quien tuve el honor de desposar y a quien le nació Antonio. Le hice una casita muy honrosa cerca del casco de la hacienda, para que no le faltara nada y hasta la sirvieran. Sendas noches de paz pasé a su lado, aislado del mundo, de México y sus desencuentros con la Historia. Manuelita Casas Morales, tan chulita, que a sus pocos años procreó a Trinidad y se quedó en el hotel Hidalgo, de la calle Zaragoza, para administrarlo, fue quizás la última mujer que de verdad me tuvo. Después de ella no hubo ninguna a la que le jurara amor eterno, amor divino.

Ahora que si me apuran, pues a nadie se le niega un beso y así puedo contar a María Isabel Campa, mamá de Reynaldita; me apresuré con María Leocadia y con Petra Espinoza, que me dio a la Micaela. Esther Cardona me dio de a dos, Esther y Francisco; Agustín vino de la relación con Asunción Villaescusa, y Águedo de Piedad Nevárez. La memoria me falla pero estoy seguro de que se llamaba Guadalupe Coss la madre de Octavio, y Macedonia Ramírez la de Ernesto. Antes de ellos, Juana Torres, mamá de Juana María, y Librada Peña, de Celia. De María Dominga Barraza me quedó Miguel. Luego, Francisca Carrillo tuvo como hijo a Francisco. Paula Alamillo me dio a Evangelina. Otros hijos tuve con Cristina Vázquez, Dolores Delgado, con Aurelia Severiana y con Gabriela Villescas, Otilia Meraz, María Amalia Baca, Pilar Escalona, María Anaya.

Todas merecieron, aunque no el altar porque nomás Dios no entiende de esas cosas, sí mi respeto, y cuando estuve con ellas, pues nada más con ellas estuve. Ninguna quedó deshonrada, ninguna cometió falta amando al coronel o al general Villa. Cada una de sus lágrimas, si no quedó recompensada en vida, quedará saldada cuando sus hijos sepan que su padre fue ése al que llamaban el Centauro del Norte.

Todas con la cabeza en alto deben andar porque si bien tienen un hijo a solas, sin un padre, la mayoría de ellos fueron adoptados por otros hijos de la Revolución que les dieron un nombre y una familia. Yo qué más hubiera querido que casarme con todas y cada una de ellas. Con las que pude, les di el gusto; con las que no, el corazón. Pero todas son mis viudas, y de todas allá donde esté me he de acordar.

VIII

Cuando fui actor en Ojinaga

Regresé a cobrar justicia a mi patria por la muerte del señor Madero en 1913. Su nombre sería vengado y los ideales de la Revolución salvados: se debía elegir libremente a un gobernante, hacer un reparto agrario y solucionar el problema del trabajo. Todos sabíamos que estábamos como al principio, cuando iniciamos nuestra lucha. Anduve por todo el estado librando batallas contra los federales; tres mil hombres sumábamos, traídos de las rancherías, de la sierra, de la frontera. Tras establecer la toma de Torreón, había que apoderarse del control ferroviario a fin de que la población civil ya no se viera afectada y todos los federales que andaban de vagón en vagón pues fueran conociendo de qué estábamos hechos. En dos horas nos apoderamos de los trenes y las vías: eso fue en verano, en la Caravana de la Muerte, y luego en noviembre pues había que proseguir con las victorias, ahora con más hombres, y para eso tomamos el tren de carbón que venía de Ciudad Juárez. Ordené que todos se treparan en él y jugué a enviar un telegrama para anunciar que regresaba porque seguramente iba a ser atacado por villistas antes de llegar. Las órdenes de los federales salieron a pedir de boca, e hicieron que el tren pasara sin inspección, confirmando los movimientos en todas las estaciones. En plena oscuridad atacamos por sorpresa a los federales, logrando ocupar la ciudad por completo. El general Mercado, huertista necio, se quedó con un palmo de narices y tuvo que evacuar la capital, llevándose a todos los hacendados y federales para estar a salvo en la ciudad fronteriza de Ojinaga, donde se resguardaron, y hasta allá los fui a alcanzar. Tras este combate tan vituperado por todos, hasta por los gringos, fui nombrado ni más ni menos que gobernador del estado de Chihuahua. Tenía yo apenas treinta y cinco años y estaba completamente seguro de que se podía salvar a este noble país.

Las noticias sobre estas batallas, la toma del tren y la rapidez de mi gente, dieron mucho de qué hablar en el país y el extranjero. Todos querían saber cómo un hombre que no tenía formación militar podía poner a temblar a las fuerzas federales, así que me ofrecieron, en 1914, filmar algunos de mis combates. Qué sé yo si aquello era correcto, qué sé yo si era lo adecuado. Todas las desgracias de mi país, desde la *A* hasta la *Z*, venían de la codicia de los gringos; así que cuando me propusieron filmar parte de mi vida a cambio de una paga que serviría para más armas y comida para mis Dorados, pues dije: Va. Además, así se difundirían verdades que contraatacaran a los servidores del mal gobierno.

Me habían propuesto veinte por ciento de las utilidades y veinticinco mil dólares ya en mano; nada tenía que hacer yo más que dejarlos ir adonde se pusieran bravas las cosas. Consentir que filmaran el curso de las balas, bajo su propio riesgo, dijeron los gringos. Así lo acordamos.

—Nomás no se vayan a espantar, y si les toca una bala, pues ni modo. Estense conscientes de que esto no será una actuación sino la lucha por la vida, por la tierra y por la libertad —les dije tras poner mi rúbrica en el contrato.

Tendría que darles un buen espectáculo para que no quedara duda de quiénes éramos y de por qué luchábamos, y aparte estuvieran felices.

Fue el 10 de enero de 1914 que avanzamos sobre esa ciudad que en un primer momento les sirvió de escudo a los enemigos, su último reducto: Ojinaga.

Lo curioso de esta batalla fue que el general Mercado tuvo que pasarse al lado extranjero porque no había vuelta de hoja con nosotros, que avanzábamos: si iba hacia México, lo atravesábamos con un sable. Mejor saltar al vacío: Presidio, Texas, Estados Unidos de América, que caer en nuestras manos, habrán dicho. Los gringos estaban felices con la filmación que iban a hacer como si ellos hubieran escrito el guion, como si no peligrasen nuestras vidas, como si esto fuese sólo una peliculita y no una batalla más en una guerra fratricida donde ambos hermanos, Caín y Abel, nos batíamos a muerte. Aquí no nos andábamos con medias tintas, con actuaciones de segunda: iban a filmar sangre de a de veras y, sobre todo, a Huerta le iba a llegar el mensaje de que su final estaba muy cerca. Íbamos más de diez mil a caballo y a pie sobre Ojinaga. A algunos de mis soldados hasta uniformes nuevos les dimos para que luciera más su producción, no fueran a decir que no éramos un ejército moderno; claro que en términos de presencia, los federales pues sí que tenían mejores garritas que nosotros.

Raoul Walsh era el director y Hennie Ausenberg, de origen alemán, su camarógrafo. Ambos, envalentonados, dijeron que nos seguirían los pasos, que filmarían la estrategia para avanzar sobre Mercado, que no se perderían los trancazos.

Siguieron a la infantería, de vez en cuando alzaban las patas para librar el cuerpo caído de alguno de mis hombres, un pobre villista. Las balas salpicaron a su alrededor. Eufóricos veían cómo almacenaban dramáticas imágenes de los combates. Sin embargo, se llevaron cierta decepción porque no pudieron filmar una épica batalla, pues la toma de Ojinaga duró lo que la descarga de un parque completo. Al entrar en la ciudad, ésta se rindió. Al paso colgamos a algunos federales señalados por los civiles como opresores y asesinos: más dramatismo, pues. Los gringos querían más balazos, vernos pelear se convirtió en su negocio.

Walsh quiso completar la historia. Me preguntó si podía montar una entrada triunfal a caballo en la ciudad, con las tropas detrás de mí gritando victoriosas, gritando y disparando armas al aire. Me encantó la idea; ya estábamos en esos quehaceres, que fuera apoteósica la toma, pues.

Tanto les gustó a los de Hollywood que hubo un segundo contrato, pero ahora querían, además de filmar, recrear mi vida. Que hicieran lo que se les hinchara si a mí no me estorbaban y me daban más dinero para el movimiento. Además, así se iban enterando de una buena vez quién carajos era el coronel Francisco Villa, aunque fuera por medio de la Mutual Film Corporation y sus cuentos proyectados en una pantalla.

IX

PRIMERO PAGO A UN MAESTRO QUE A UN GENERAL

El sábado 21 de julio de 1923, todos pudieron leer en el *Excelsior*: «El general Francisco Villa fue asesinado ayer a las 8:45 de la mañana en la ciudad de Parral.» Ya dije que yo tenía el maldito presentimiento de que algo así de fatal iba a suceder, pero proseguí haciendo mis deberes de manera normal en la última hora; espantaba cual si fueran moscas sobre la frente estos pensamientos sobre mi inminente muerte. Desde la madrugada yo ya estaba limpio y con la pistola enfundada, esperando que llegara el momento de almorzar y lanzarme al camino con el coronel Miguel Trillo. Cuando por fin nos alistamos, Manuela nos obsequió el más copioso de los desayunos pero nadie probó bocado, esperando mi instrucción.

—¿Ya está listo el carro, don Miguel? —le pregunté a mi secretario.

—Ese Dodge siempre está listo, don Pancho —me contestó pasando el trapo sobre el cofre del más bonito de los coches que hubiera yo anhelado.

—Ni a mis caballos he querido tanto como a este negrito de cuatro llantas, y eso que confío muy poco en las máquinas hechas por el hombre —dije, aunque bien sabía de sobra que las máquinas no eran de fiar, que sólo un caballo podría funcionar como extensión de las piernas para, en todo caso, huir de los peligros.

»Quiero llegar antes de que sea mediodía a Canutillo, tengo hartas cosas que arreglar —los arreé, me picaban las ansias por llegar adonde fuera; quería apresurar el paso, quizás al otro mundo—. Qué andarán haciendo a estas horas todos ustedes cuando yo ya no esté. Nos desayunaremos en el camino, Manuelita —le indiqué a mi mujer como quien no quiere la cosa. La verdad es que ni hambre tenía, todo se me atoraba en el cogote, nada me sabía; aun así, agarré un trozo de solomillo y me lo fui comiendo en el corredor, esperando a que calentaran el motor.»

Hacía tres años que no era yo más peligroso que un juez de paz. No intervenía en la política tan maltrecha de México, pero tampoco callaba mis opiniones al respecto; mucho menos mi parecer sobre Plutarco Elías Calles, ministro de Gobernación, a quien perfilaban como próximo presidente. A un tipejo como él, tan mal intencionado, sólo le podía hacer frente un hombre de altura, un De la Huerta conciliador, por ejemplo.

Álvaro Obregón había sido un excelente estratega, y el político que inventó los «cañonazos de cincuenta mil pesos». Nos conocíamos tan profundamente como se puede conocer a un enemigo en la guerra. Estuvimos más de una vez a punto de aniquilarnos, siempre en ejércitos diferentes. A mis derrotas en el Bajío, en 1915, cuatro batallas que él me ganaría, Venustiano Carranza les debía la silla presidencial. Aun así, siendo él presidente en 1922, reconoció mi carisma y el apego que muchos me tenían. Un gran líder como Obregón sabía que más valía tenerme de su lado que del contrario. En cuanto llegó a la silla presidencial hizo alianzas positivas para conseguir la paz del país, tan urgente, veía yo. Además, pensaba como yo que la nación ya se podía dirigir sin ejércitos al frente, por lo que me había apaciguado, obligándome al retiro a la hacienda de Canutillo.

Tenía también tranquilito a Estados Unidos, a Washington. Yo no tenía mayores rencores contra su persona, al contrario, recordaba al Manco de Celaya como un hombre que no se dejaba doblegar o comprar con espejitos. El día de su protesta en el cargo le envié con Luz Corral, mi mujer y asistente, qué carambas, un mensaje que rezaba:

Felicítole muy cordialmente por la toma de posesión en la Primera Magistratura, y le deseo acierto en su gobierno, pues yo siempre seré amigo del que suba al poder por el voto popular y me rebelaré contra el que llegue a él por imposición.

Francisco Villa

Si alguien en este país me conocía con mis debilidades y fortalezas, pues ése era él. Ya le había tocado buscarme vivo tras mi ingreso a Estados Unidos, siendo él testaferro de Carranza en la Secretaría de Guerra y Marina. Sabía, pues, de mis arranques pero también de mis excesos de confianza, como en las cuatro batallas del Bajío en 1915, donde me ganó no por número de hombres ni por estrategia, sino por mi seguridad exacerbada. Sabía, como yo, del trabajo en el campo, pues se había retirado tras el triunfo de Madero a su hacienda a arar la tierra. Así que éramos dos almas que no tenían nada que ver, pero que la historia y la lucha por un país mejor nos habían unido.

Pero una cosa era conocernos y estar en paz con él, y otra predecir o apostar sobre quién sería o qué quería de su sucesor. Eso sí, yo no estaba de acuerdo con que fuera su amigo y paisano, el general Calles. Y si me preguntaban qué pensaba al respecto, pues respondía sin pelos en la lengua, como siempre: Calles era un hombre de poco fiar, ambicioso desde que fuera gobernador interino de Sonora. Le apostaba a quien ganara, y también había sido carrancista.

Mis simpatías por don Adolfo de la Huerta no eran de reciente nacimiento, él me había entrevistado en 1913 a nombre de Carranza, convenciéndome para que le entrara al quite contra el traidor Huerta. Adolfo de la Huerta quería que juntos revolucionáramos el estado de Sonora. Algo que no me convenía, pues en todos lados yo era visto como un maleante, asesino y usurpador; sólo en Chihuahua, donde estaban mis raíces, la gente no me confundía con el enemigo, sabía quién era yo. En otras partes Carranza había logrado manchar mi nombre, no se me tenía confianza.

Todo eso les dije cuando me preguntaron qué pensaba sobre el sucesor de Obregón. Creo que mi opinión les caló hondo, pues ya ven en qué terminó la emboscada en Hidalgo del Parral. El tiro de gracia me lo dio la mentada entrevista en *El Universal*. El director del diario, Félix F. Palavicini, cercanísimo a Carranza, manipuló de tal manera el propósito de la entrevista que yo accedí a darla. Mi imagen tras la publicación quedó así: yo, el Bandolero Divino, confirmaba que por mi estado y por mis hermanos de raza haría cualquier cosa, pues no tenía miedo a enfrentarme con el poder si el presidente en turno no era de mi interés. Quedó claro también que podía reunir a miles de personas en cualquier momento y que era un gran estratega militar. Pero el tema, en realidad, del que hablé bastantemente con Hernández Llergo, el periodista, fue sobre mi vida apacible, utópica, en la hacienda de Canutillo. Hernández Llergo me preguntó qué cuántos peones tenía en mi hacienda. Hice la corrección:

—No son peones, señor, son medieros, mil ochocientos hombres bien armados, por cierto.

Sé que han de pensar en mí en términos de miedo, porque la gente me seguía y me pedía que fuera candidato, aquí y allá. Yo a todos les decía que se esperaran, pero los políticos me temían. Lo que ignoraban era que de haber querido, si realmente hubiera deseado seguir en las andadas, pues los habría quitado del camino, así de fácil. El presidente, pues, no me temía, pero sí sus cercanos y sí, me había convertido, otra vez, en una piedrita en el zapato. Pues bien, a mí me preguntaron qué pensaba del general Calles, y yo tuve que decir que como cualquier ser humano tenía una carga mala y otra buena. La primera, pues era un gran defecto, tenía que ver con que contemplara con tal radicalismo el problema obrero. Así lo reportó el periodista, letra por letra: «... los líderes del bolchevismo, en México como en el extranjero, persiguen una igualdad de clases imposible de lograr. La igualdad no existe ni puede existir. Es mentira que todos podamos ser iguales; hay que darle a cada cual el lugar que le corresponde. La sociedad, para mí, es una gran escalera en la que hay gente hasta abajo, otros en medio, otros subiendo y otros más altos... Es una escalera perfectamente bien marcada por la naturaleza, y contra la naturaleza no se puede luchar, amigo. ¿Qué sería del mundo si todos fuéramos pobres? Tiene que haber gente de todas calidades. El mundo, amigo, es una tienda de comercio donde hay propietarios, dependientes, consumidores y fabricantes».

Salimos de Parral muy temprano hacia la hacienda, en carro. Yo había pedido manejar, por lo menos así la muerte me encontraría conduciendo mi propio destino. Alerta a mis pensamientos, abstraído, dirigía el coche.

Los hilos de mi destino final, además, se habían tejido entre las manos de unos españoles mal avenidos, cosa que también ignoraba: si me llevaba rebién con los que se establecieron en mi territorio. Días antes, acababa de depositar en La Villa del Grado, abarrotería de españoles, un tanto de oro y otro de plata, para establecer un banco en Parral. Pensaba que con un banco, ya poco le faltaba a esa región para ser tan completa como la capital y dejar de recurrir al centralismo del gobierno para salir adelante. De toda la auditoría dábamos cuenta en el diario de la región para que todos supieran que el dinero era comunal, que no había negocios mal habidos. No desconfiaba de los dueños de la tienda de abarrotes, si para eso siempre dejaba ver yo mi hermosa chiripera, la pistola que ni a sol ni a sombra me dejaba, y aparte los gachupines me debían mucho como para contarlos entre mis enemigos. Por eso no tenía yo el menor atisbo de que también por allí se iba a fraguar mi asesinato.

Esa última mañana íbamos, pues, el coronel Miguel Trillo, mis escoltas Daniel Tamayo, Claro Hurtado, Ramón Contreras, Rafael Medrano y Rosalío Rosales, a bautizarle el hijo al general Antonio y a María Arreola. Tomamos la calle Zaragoza rumbo a Valle de Allende. Antes veníamos platicando de lo mucho que la población había avanzado, por lo menos en los kilómetros a la redonda en los que teníamos incidencia.

—Cuando ya no esté, Miguel, prométeme que seguirán reclutando a los escuincles de estas tierras, para que sus padres, aunque no trabajen en la hacienda, los manden a la escuela. ¿Me entiendes, Miguel? Es la única esperanza de no volver a repetir estos desmanes que tú y yo hemos vivido.

—Sí, mi general, así será, don Pancho. ¿Pero por qué su insistencia en hablar de un futuro sin usted?

—Yo me entiendo solo, Miguel, tú nomás dedícate a cumplir lo que prometes.

Una noche antes, en Parral se corría el rumor de que andaba en la tienda de abarrotes el mismo Jesús Salas Barraza, bien vestido como siempre, catrín, pues, acompañado de dos oficiales del ejército. Decían que acababa de llegar de Jiménez. Pidió que le mostraran algunos sombreros que tenían allí, porque vendían de todo. Dijeron que los oficiales que lo acompañaban eran miembros del Estado Mayor del secretario de Guerra y Marina. Después, los tres se dirigirían con Melitón Lozoya.

—Entonces quedamos o no quedamos, Miguel; repito lo que he dicho tantas veces, yo de esta tierra no saldré ya nunca. De mi patria no me han de sacar vivo. Mis enemigos me matarán, a Carranza lo mataron sus amigos, y a mí no me dejarán descansar ni después de muerto. Quisiera tener la certeza de que moriré al menos con la frente en alto, como lo hizo el general Ángeles.

Nos habíamos desayunado en un lugarcito allí entre Zaragoza y Juárez. Teníamos que ir a la tienda del español Lobo. Guardamos silencio unos segundos, cuando de un sablazo, pasando los cuartos de la calle Gabino Barreda, se dejaron venir cientos de balazos, un tiroteo tan nutrido que parecía que querían descontar a todo un batallón de la antigua División del Norte. Los pistoleros nos atacaron desde distintos puntos, incluso desde el barandal de una ventana del colegio de chiquillos que estaba al paso de nuestra humilde y destapada caravana. Al enfrentar los cuartos de la calle Gabino Barreda, desde distintas distancias y alturas los fusiles me hicieron disminuir la velocidad del Dodge Brothers.

Mientras paraba, vi claramente a ese muchachillo que dio la señal a alguien situado en la plaza Juárez. Cuando me atravesó la primera bala supe que esa sensación ya la conocía, la había esperado desde siempre, la tenía identificada: la del abandono, la de la despedida. Dos lágrimas escaparon de mis ojos, las lágrimas de quien se sabe fuera de la pelea porque ha muerto el gallo. Instintivamente puse la mano sobre mi pistola enfundada, pero ya el siguiente balazo no me dejó decir ni una palabra. Así de injusta era esa pinche muerte que ni tiempo me dio a encomendar mi alma.

Esa bala sigue viniendo, una y otra vez la misma muerte. Es como si no quisiera amanecer nunca en mi eterna noche.

X

SERÍA MAGNÍFICO, YO CREO, AYUDAR A
MÉXICO A SER UN LUGAR FELIZ

¡Qué uno no tiene derecho a soñar! Yo por eso hice la Revolución, no por ambición personal; eso es para los políticos profesionales. Yo lo único que deseaba era irme a sembrar, lo que apenas conseguí en Canutillo. Vivir sin sueños es como vivir sin música. Si lo sabré yo, que podía detener un tren para escuchar música, como cuando les dije allá por Jiménez a los de una banda que me salió a recibir: «Toquen *Las tres pelonas*», que Isaac Calderón compuso para sus tres hijas que enfermaron de tifus y andaban rapadas, y embelesado dejé de prestar atención a qué sé yo cuál petición que me hacía allí un grupo de campesinos. Me fascinaba la canción:

Estaban las tres pelonas sentadas en una silla
y una a otra se decían: ¡Que viva Francisco Villa!
Estaban las tres pelonas sentadas en un sillón
y una a otra se decían: ¡Que viva Álvaro Obregón!

Estaban las tres pelonas sentadas en una esquina
y una a otra se decían: ¡Que viva Tomás Urbina!
Estaban las tres pelonas sentadas en un sofá
y la gorda y la flaca y la guaje de Soledad.

Estaban las tres pelonas sentadas en un balcón
y la flaca y la gorda y la mula de Concepción.
Estaban las tres pelonas debajo de unos balcones

gritando: ¡Viva Carranza, padre de los federales!
Estaban las tres pelonas sentadas en su ventana
esperando a Pancho Villa pa que les diera una hermana.

Quizá porque la música y los sueños se quedan, regresan cuando uno los necesita, permanecen en la memoria. Todo lo demás se escapa, se esfuma como las nubes: las glorias y los fracasos es como si no existieran. ¿Cuántas veces perdí? Ni siquiera podría contarlas. ¿Cuántas veces tomé Parral y la volví a perder, o Chihuahua misma? Yo supe de lealtades, pero viví muchas traiciones. Una vez salí al balcón del Palacio de Gobierno, en Chihuahua —era un 24 de diciembre, bien lo recuerdo— y grité a los miles que estaban abajo en la plaza Hidalgo:

—Me voy, y vendrán Carranza y Obregón y Calles, que son mis enemigos y también son enemigos de ustedes. Pero volveré.

Curiosas palabras; sí volví, pero para qué. Ellos se quedaron, Obregón y Calles, porque el desgraciado de Carranza ya descansaba con los héroes, como si no lo salpicara el lodo en el que se enfangó durante su vida dizque de revolucionario. En 1915 di licencia a todos mis generales y me fui de nuevo a la montaña. Había yo ajusticiado a José Delgado, que me quiso traicionar llevándose la máquina de acuñar monedas y se iba en tren al otro lado; tres balazos y alguno de los míos liquidó también a su segundo, Azpiroz. Quién me mandaba a mí andar confiando en antiguos federales, por más que se metieran de divisionarios; tarde o temprano sacaban el cobre. Me traicionaron otros muchos a los que no pude castigar, como mi propio compadre, Fidel Ávila —lo había yo hecho general al muy cabrón—, quien se fugó para Estados Unidos con la lana que resguardaba, muchos fondos importantes de la División del Norte. Cuarenta mil soldados llegué a tener y cuando en 1915 de nuevo anduve de huido me quedaron unos pocos leales.

¿Qué uno no puede tener sueños porque no tiene suficiente educación? Era lo que decía el gringo Reed, que yo no tenía suficientes letras para ser presidente de México. Yo le dije, no una sino muchas veces cuando me acompañó en campaña, que mi única ambición era desaparecer a los odiosos militares, porque los ejércitos sirven a los sátrapas y a los dictadores. Que en la nueva república que yo soñaba para México no habría ejército, y que licenciaría a todos en colonias militares de veteranos. Allí, con grandes tierras y pequeñas industrias, esos soldados servirían mejor a su patria que con una carabina .30-30. Eso quise hacer de Canutillo, una colonia militar, no una hacienda porfiriana, donde el trabajo y la educación fueran la muestra. Criar ganado, sembrar maíz. Me hubiera gustado, eso sí, poner una talabartería grande para hacer buenas sillas y alforjas, porque soy hombre de a caballo.

A cada rato se me aparece en sueños Tomás Urbina. Otro traidor, pero que me duele mucho más porque ése sí que había sido de los meros míos. Después de que le permitió escapar a Pablo González, me enteré de que recibió una muy buena suma allá en Tamaulipas. Se inventó la dizque compañía Ébano, pero en realidad el desgraciado andaba haciendo billete. Me anduvo atarantando y luego me pidió permiso para irse a Las Nieves, una haciendita que hizo suya. Lo que no sabíamos es que la había convertido en un fuerte, porque se trajo muchas armas grandes, municiones y toda la lana que anduvo robando en la revolución a mis espaldas, en Durango, en San Luis, el hijo de la chingada. No sólo me había traicionado personalmente, sino que claudicó de todos los ideales que nos hicieron luchar. Otro compadre cabrón. Me fui en tren hasta su hacienda, un tren sin luces para no despertar sospechas; íbamos mandando a los cocheros a hacer mandados para que no nos vieran. El único que salía a dar la cara era el general José Rodríguez, me acompañaba también Fierro para ese mandado. Salimos de Torreón a medianoche y a las cuatro de la mañana ya pasábamos Jiménez, de allí a Parral y a Rosario; luego bajamos los caballos y de allí en adelante anduvimos cabalgando hasta Las Nieves.

Andaban dormidos todos los hombres de Urbina cuando llegamos no bien amanecía, sitiamos el lugar y lo cercamos como a una bestia. Yo le disparé en la pierna cuando intentaba huir, íbamos a hablar, eso no podía ya evitarlo. Le recriminé su traición y sus expolios y vinieron las lágrimas, ésas que aparecen en los ojos de los niños, de los agradecidos y de los cobardes; mi compadre Urbina resultó de estos últimos. Le expuse que mientras él se había hecho rico y atrincherado como un matón, yo estaba huido y apenas tenía cuatrocientos pesos para mandarle a mi esposa, y eso porque me los prestó un general. Renqueando me regaló sus joyas: abría y abría cofres, que más parecía el tesoro de un pirata que la casa de un revolucionario. Yo estaba a punto de dejarlo allí, llevándonos el dinero de regreso, pero Fierro no me iba a dejar.

—Ya lo perdoné, compadre. No hay más que hablar.

—Bueno, como usted diga. Pero déjeme entonces que me lo lleve a Parral para que le curen la herida.

Sus hombres estuvieron de acuerdo y nos dividimos; Fierro me alcanzó en Torreón a los dos días con su gente.

—Le informo, mi general, que Tomás Urbina dejó de existir este 5 de septiembre a la sombra de un árbol muy grande y muy frondoso de su hacienda de Las Nieves.

—¿Y mi comadre?

—Ella y su hijo quedaron vivos en la hacienda, para que cuiden de su alma.

Así me dijo Fierro. Y ahora se me aparece rogándome que lo deje vivo: se le aparece un muerto a otro muerto para suplicar clemencia. La vida es muy rara en sus cosas.

¿Qué no tiene uno derecho a soñar con una revolución limpia, sin traiciones, donde se consigan los objetivos de la lucha y se lleve a la República a la felicidad? Yo, que he vivido muchas vidas y sobrevivido muchas muertes, tengo el cuerpo repleto de cicatrices, una por cada hijo de la chingada que me traicionó. Mi cadáver es un mapa donde están dibujados los rostros de los muy cabrones de mis enemigos, pero sobre todo de los que siendo mis amigos me abandonaron para mejorar su suerte. Recuerdo. Eso sí me queda, ése es mi único tesoro: el recuerdo. Pero no todas las memorias son buenas, qué va. La mayoría son canijas, te sorprenden por la espalda, te dan calambres las desgraciadas. Allá por 1918, cuando ya andaba yo fuerte de nuevo, se me vino a presentar un tal general Solache, que venía de Veracruz. Ya lo había recibido otras veces en Sombreretillo y nunca me decía su verdadera misión, que era conseguir adeptos para la causa de Félix Díaz.

Esa vez, el 19 de septiembre —algunos recuerdos pueden ser muy precisos—, después de abrazarme y llenarme de elogios, me da una copia del plan felicista. Los traidores no saben de lealtad, por supuesto; qué iba a saber ese hombre de mi cariño por Madero. Le grité, casi empujándolo:

—Yo nunca seré amigo ni mucho menos subordinado de un traidor como su jefe, y le voy a prevenir que todo felicista que ha pisado mis campamentos ha sido condenado a muerte. Así le pasó a Bonales Sandoval en Jiménez y ahora es su turno, mi general Solache: le va a tocar morirse en la hacienda de Sombreretillo.

Yo mismo di las órdenes al pelotón de fusilamiento.

Pero algo duele más que la traición: la calumnia. Yo he seguido arrastrando todo lo falso que se ha escrito de mí, soportando el lodo que me han querido echar encima porque no tengo nada que temer. La prensa carrancista, bien aceitada con cañonazos de dinero, me hizo pasar por un animal; dijeron que cuando un día después de fusilar a Solache me atacaron las fuerzas de Joaquín Amaro, yo entré en Jiménez al hotel Los Chinos, de la familia González, y los asesiné a todos; que maté a las hijas y a un niño de un año a sangre fría junto con la madre. Ni siquiera pisé Los Chinos ese día y sólo he amado algo más que a mi patria: a los niños. La señora González se robó un dinero mío, quince mil pesos para ser exactos; cuando le pedí que me los diera, pues los tenía resguardados, me hizo saber que había dispuesto de la suma. Yo le dije a Carmen Delgado:

—Así que ya los gastaron, mira nomás. Haz como que les quemas la casa para que se asusten y te entreguen el dinero; si se empeñan en quedárselo, déjalos. No los vayas a tocar.

Lo que Delgado no podía saber es que una de las hijas, Sara, les abriría fuego con una automática calibre .32 que yo le había regalado; mis hombres dispararon en respuesta. La madre, en la confusión, cargó al niño, y la bala que la mató atravesó primero el cuerpo del pequeño. Castigué a mis hombres, los reprendí por su acción. Nunca di la orden.

Para muestra, un botón. A veces me pregunto por qué son éstos y no otros los recuerdos que le asaltan a un muerto. Es como si la memoria me jugara chueco y quisiera que me arrepintiese de mis actos. Este patriota murió luchando, no va a irse berreando. ¡Qué va! ¿Qué no tiene uno derecho a soñar?, me lo pregunto. Pasar la vejez con sus hijos, verlos crecer; a uno hacerse médico, el otro ingeniero, otro más, militar. Yo qué sé. Que se casen las hijas, tener nietos. ¿No es para eso que se vive la vida, no es eso lo que llaman plenitud? Un rancho con vacas y muchos niños riendo. Una puesta de sol. El beso de la mujer de uno, sus ojos. Siempre sus ojos.

XI

Yo estoy silencito

A mí tampoco me han gustado las cosas a medias, las tortillas medio crudas, el café medio frío; las personas que no sabían definirse, que estaban conmigo pero no estaban, que me seguían pero cedían al primer guiño del poder. A ésos, yo pensaba, mejor fusilarlos, pues. Para qué vivir como pusilánimes. De igual manera, a mí la gente me odiaba o me amaba. Pero en estos trances tan humanos, quién carajos iba a sospechar que el odio que me tenían los hermanos Herrera, de Parral, Melitón Lozoya, el licenciado Salas Barraza y Joaquín Amaro, sería el factor determinante para fraguar el fin del hombre de Canutillo. Mi muerte les llevó tiempo y planeación a todos los que de ella se ocuparon. Los veo preparando su papel como en la película que filmamos, reuniendo odio, motivos personales para desaparecerme, para justificar su cobardía. Cada quien había ido almacenando su particular aversión a mi persona. Cómo quitarme del camino era la consigna en común, ya fuera porque me creían un bandido, porque en algún momento me les había atravesado en sus planes de sacar provecho a costa de los que no tenían nada, porque les debía alguna mujer, porque algún pariente perdió la vida bajo mis órdenes, porque eran gringos y no olvidaban lo de Columbus, o porque creían que les estorbaría en sus planes políticos, el destino ya había puesto a los personajes que participarían en mi muerte conforme a diferentes encuentros que cada uno había tenido conmigo. Todos, también, hicieron intentos previos por atraparme o verme humillado, incluso muerto.

El más reciente altercado fue el que tuve con Melitón Lozoya, no hacía muchos días, en una pelea de gallos; nos enfrentamos por nada, aunque la enemistad venía de antes. De todos los tantos enemigos que me cargaba, Lozoya parecía el menos peligroso, pero su naturaleza ladina me la venía guardando. Al final, sería el líder de la tormenta de doscientos balazos contra mí.

Por otro lado, el presidente Obregón sin duda leyó la entrevista de Hernández Llergo, y para pronto ordenó que el general Francisco R. Serrano, secretario de Guerra y Marina, diera indicaciones al coronel Félix U. Lara, jefe de la guarnición de la plaza de Parral, Chihuahua, para presentarse de inmediato en la Ciudad de México: el motivo era terminar con la incomodidad de mi existencia.

La cautela era esencial y no podían dejar un hilo suelto que involucrara a alguien del gobierno ni del estado de Durango, a nadie. Lo ideal era utilizar la animadversión de los de abajo, para que fuera un crimen entre iguales: entre bandidos, pensaron.

Jesús Salas Barraza, diputado del congreso local de Durango, era el contacto ideal, pues de frente no tenía nada contra mí. El coronel Lara pensó en Salas para jalar el gatillo y además comenzó a reunir a un grupo de matones, de ésos que no soportaban la buena fe, los éxitos y el prestigio casi de santo de un servidor, el Cincinato de Canutillo. De ésos, que no eran pocos, a los que les debía una hermana, una hija, o ya de perdida un pariente o un dinero, se conformó la escuadra de asesinos. Fue así que Jesús Herrera participó, haciendo un examen de odio a mi persona como hermano de los generales Maclovio y Luis Herrera; puta, a ellos les debía varias. Con su consejo, parientes y amigos reunieron dinero, víveres y consiguieron lugares para afianzar la estrategia contra mi persona.

Yo a los Herrera me los había enemistado en 1916 porque nomás después de ser mis hermanos en la División del Norte, me traicionaron y se volvieron carrancistas, jugándole al tonto para ver si sacaban de mí más raja, emboscándome. Su padre trató de resistir mi entrada en Parral, al igual que sus hermanos Zeferino y Melchor, y tuve que ejecutarlos a pesar de que los sentía como si fueran de mi propia sangre. Desde entonces, no era un secreto que eran mis enemigos, que me buscaban, que me querían muerto.

Pues bien, dicen que mi muerte se gestó desde ese odio, y la confesión de todo se dio en una comida auspiciada por María de Jesús Franco en Hidalgo del Parral en la que coincidió con el tal Melitón Lozoya. Él había recibido del diputado Salas el encargo de tramar mi muerte, y junto a Gabriel Chávez aceptó la comisión del gobierno de la República. Contando con el apoyo gubernamental, Melitón Lozoya no tenía duda de que era posible ejecutarme, además de que él y los suyos recibirían un buen dinero de las familias ricas de Chihuahua a quienes yo siempre les había estorbado. Ya en Parral, pues fueron reclutando a más y más para vengar dizque los agravios de guerra que yo debía; todos los habitantes fueron testigos de las entradas y salidas, durante algunas semanas, de gente del gobierno y la policía, todos cuadrándose con Melitón. Él era el cabecilla, pero la conspiración estaba entre las gentes ricas de Parral con la anuencia del presidente de la República en feliz acuerdo con el candidato Calles, no me cabe la menor duda.

De lejos se asientan las cosas que antes apenas se intuían. Cuando supe que me iban a matar, ya era demasiado tarde para intentar cualquier cosa. Uno puede escapársele a la muerte un número limitado de ocasiones, y en todas lo que ocurre es que no te tocaba, pero cuando la ocasión llama nada puede hacerse.

Puestos a decir la verdad, porque qué más puede pasar si ya la muerte arrasó con todo, con los Lozoya el problema era añejo. Allá por 1917 yo había aprehendido a Justo, el hermano de Melitón, para pedir rescate por él cuando andábamos escasos de dinero: cuatro mil pesos por su libertad, al fin que el dueño de La Cochinera, como se llamaba su hacienda, tenía para pagarlos. Era un impuesto de guerra. Después, uno de mis compadres, Ramiro Sáenz Pardo, utilizando mi nombre se apoderó de los terrenos de la hacienda de Amador, misma que también Lozoya le había comprado a la viuda de Lucero. Los malentendidos no se hicieron esperar, tampoco los arreglos a balazos. Polvos de aquellos lodos, como se dice.

Pero ya estaba yo en Canutillo cuando Melitón Lozoya demandó de nuevo a Ramiro Reyes. Lo hice llamar:

—O usted se apacigua y desiste de sus demandas o se las ve conmigo, Lozoya. ¿Cómo la ve? No me gusta que molesten a mis amigos.

—Pues va a ser imposible, don Pancho; ya metí la demanda y estoy en mi legítimo derecho —contestó sin siquiera verme a los ojos.

—Pos yo estoy en mi legítimo derecho de mandarlo matar si insiste. Y dígame *general*, que aunque me haya retirado, mi trabajo me costó.

—En Chihuahua no cabemos los dos, *general*. Uno de nosotros tendrá que irse.

—O sea que hasta me amenaza, Lozoya.

—Yo nomás digo.

Así quedaron las cosas, en calma chicha; parecía que Melitón se había desistido de todo pleito con Sáenz. Hasta lo invité a jugar a los gallos, un vicio que nunca me pude quitar y una de mis diversiones favoritas, y la compartía con el general Rodolfo Fierro, un gallero de a de veras. Fierro ejecutaba todas mis órdenes con exactitud, apostaba siempre a ganar; se jugaba la vida en cada encomienda, aunque tampoco era muy considerado con el enemigo. Yo sabía que si había que hacer de tripas corazón para alcanzar el triunfo en alguna batalla, es decir, escabecharnos a unos cuantos, pues el general era el indicado para dirigirla. Tenía bien claros sus principios de lucha: justicia para los más humildes. La batalla de Tierra Blanca habría cambiado nuestros destinos de no ser por la ferocidad de Fierro al ir a pelear contra los huertistas. La estrategia de guerra fue hacer caer de los vagones del tren a los que ya huían sin esperar el contraataque; fue por él, en un acto de heroísmo al saltar del caballo al tren, que conseguimos que el convoy retrocediera, trayendo la gran máquina hasta nuestros terrenos. Era un gran hombre, el Carnicero Fierro: siempre creí que moriría a manos de uno de sus tantos deudos, alguna de sus víctimas que sobrevivieron, o de perdida en algún coraje de pelea de gallos. Pero fue en 1915 cuando, estando en sitio en Sonora, me vinieron a gritar que el general Fierro se había ahogado en el río Santa María. Llegamos corriendo y hasta aventamos a un japonés experto en nado para que lo rescatara del pantano donde se hundió; cómo no se iba a hundir el susodicho si andaba cargado de oro y dinero. Así fue el final del gallito de pelea.

Viene al caso recordar a Fierro porque en abril de 1923 perdí tres peleas en Hidalgo del Parral, y a tres de mis buenos gallos, claro.

Cuando regresaba a Canutillo le pregunté a Lozoya si se quería ir a pasar unos días conmigo, pero me dijo que no, que mejor se iba para La Cochinera porque tenía hartos quehaceres pendientes. Ya nos habíamos contentado, como quien dice.

Mientras subía a su caballo, uno de los viejos de allí me dijo:

—¿A que no sabe, mi general, quién fue el que vendió todito lo que había en Canutillo, hasta las puertas que quedaban?

—No. A ver, cuénteme.

—El mismo Melitón Lozoya.

—¿Estás seguro? ¿Cómo sé que es verdad?

—Pos muy fácil, si yo mismo tuve que entregar lo que quedaba de ganado. Él me mandó.

Lo volví a traer de La Cochinera, nunca mejor puesto el nombre; de la greña si era necesario. Se presentó al día siguiente en Canutillo:

—¿Qué se le ofrece, mi *general*? ¿Por qué tanta prisa en verme? —me preguntó el muy cínico mientras amarraba su caballo.

—A ver, Lozoya, ¿no que muy amigos? ¿Es cierto que usted vendió todo lo que había acá en Canutillo en cuanto se supo que la hacienda me la otorgaba el gobierno para mis oficiales?

—Y si es cierto, ¿qué? Yo era el administrador.

—Pero no tenías ningún derecho. Todo esto es mío, incluido lo que me robaste al vender lo poco que quedaba.

—Me va a disculpar, pero no era suyo: era de la familia Jurado y ellos me autorizaron por escrito para realizar las operaciones de venta. Quién iba a saber que era usted quien vendría a ocupar la hacienda. Le juro que si lo he sabido, mejor lo conservo para su disfrute, general.

—Le voy a poner un plazo, Melitón: un mes, ni un día más. En treinta días me regresas todo lo que había o te quiebro. Luego me metí a una recámara y lo dejé hablando solo.

No me dio tiempo de cumplir mi promesa, pero a él sí para fraguar mi muerte. Ésa fue la última vez que lo vi cara a cara, porque luego evitaría saludarme. Tras eso, para el 5 de mayo ya había juntado a sus cómplices: José Barraza, Juan López Sáenz Pardo, José Sáenz Pardo, Librado Martínez, y José y Ramón Guerra. El dinero para pagarles lo había juntado de los ricos de Parral (Santiesteban, Montoya, Ricaud, Baca, Herrera) y pidió permiso donde hubiera que pedirlo, desde las autoridades militares hasta el gobernador, para que se enteraran también en la Ciudad de México.

Además mi cabeza seguía teniendo el precio de varias recompensas. Cincuenta mil dólares ofrecía el gobierno de Nuevo México, cincuenta mil dólares la madre de William Hearst, cien mil pesos el gobierno de Chihuahua.

Bien sé ahora cuánto dinero le tocó a cada uno de los filibusteros que conspiraron para matarme. Cinco mil pesos para cada asesino, no los trescientos que uno de los implicados afirmará haber recibido más tarde, qué va. Cinco pesos diarios a cada uno de los ocho para vivir, como sueldo del 10 de mayo al 23 de julio, 2 520 pesos. La renta del alquiler de los cuartos desde donde se haría la emboscada: pagaron un año por adelantado, 900 pesos. La renta de un local —la que llaman Huerta de Botello— por tres meses, 120 pesos. Las municiones y armas, y la alfalfa que decían vender para justificar los movimientos en la casa.

A Jesús Salas Barraza le tocó un rifle automático Winchester 73 y una pistola calibre .45.

A Melitón Lozoya, un rifle automático y una pistola también calibre .45.

Román Guerra, Juan López Sáenz Pardo y su hermano José, cada uno un rifle .30-40 y una pistola .45.

José Guerra, un rifle .30-30 y una pistola .32-20.

José Barraza, un rifle .30-30 y una pistola .44.

Librado Martínez, un rifle .30-40 y una pistola Colt especial. Ruperto Vara, un rifle .30-30 y una pistola .44. Siete mil pesos de parque, más el precio de las armas.

Todo eso cuesta matar a un hombre a la mala, preparar un pequeño ejército de mercenarios, armarlo hasta los dientes para tender una emboscada. No cuesta nada, sin embargo, tener la venia de un presidente en funciones y de un candidato electo para salir ilesos y libres de tan cobarde empresa.

Si de La Cochinera salieron las defensas sociales de Parral, de la misma hacienda no podía salir sino rencor y alevosía.

A la mayoría de ellos años después los alcanzaría la muerte de forma violenta, igual que a mí me ajusticiaron con infamia. José Barraza murió en La Alianza, Chihuahua, cosido a tiros, como dicen, por alguien que buscaba venganza. Ruperto Vara murió en Metates, Durango; lo mató Ramón Trigo, un cabo del mismo campamento militar, por un pleito de faldas. Juan López Sáenz Pardo fue baleado inmisericordemente en el aguaje de Amador en San Bernardo, Durango, que por asuntos de dinero.

Los demás habrán vivido sus demás años arrepentidos, libres pero culpables. «El que a hierro mata...», dicen. En la pequeña biblioteca de La Concepción del Canutillo tenía yo un ejemplar de *La Divina Comedia* que sólo leía a retazos; ahora recuerdo unos versitos que vienen a cuento porque están clavados en la puerta del Infierno, adonde habrían ido a parar todos esos cabrones si acaso existiera un pinche infierno:

Por mí se va a la ciudad doliente,
por mí se ingresa en el dolor eterno,
por mí se va con la perdida gente.

XII

Una carta de amor

Mi estimada y fina compañera:

Tan complicada como tu nombre, Austreberta Rentería, Betita. De ti tendría que despedirme y contigo debería compartir la angustia que me da saberte sola muy pronto. Desde siempre renunciaste a tenerme del todo, y por eso te elegí para que sólo la muerte nos separara. Tenías tan pocos años cuando te encontré en el pueblo, rebosante de juventud y de carnes, haciendo los mandados de tu casa junto a tus primas y amigas; en cuanto me viste pasar te cuchicheaste y te anduve siguiendo los pasos los próximos diez días hasta que me harté, ya después me conociste, de andarle jugando al tonto. Y pues te tomé a la fuerza primero, pero después terminaste profiriéndome caricias y jurándome amor eterno. La franqueza entre los dos no se repitió con ninguna otra, sabías quién era yo y me aceptaste con mis 175 libras de vivos y muertos a cuestas. Con tal naturalidad y gracia te acomodaste a mi lado, que ni platicamos que tendríamos dos hijos propios y otros tantos de prestado porque yo era un hombre que bien a bien, pues siempre le atinaba para embarazar a la yegua. Nunca te molestó eso, ni respingaste; antes bien, aceptaste mudarte a la hacienda, donde la señora era Luz, y quedaste conforme con estar a su servicio con tal de olerme cerca. Nunca aspiraste a más hasta que la verdad nos enfrentó y no pudiste negarme, aunque tampoco te vanagloriaste de ser la primera en mi cama. Una carta te quitó por unos días el sosiego y despidió también a Luz de la hacienda, porque no pudo entender que de momento tú reinabas en mi corazón. Como a mí siempre me han caído bien las personas que no buscan congraciarse con nadie, pues te hice mi esposa tan pronto pude, para que ya no tuvieras que soportar las habladurías de la gente sin quehacer. ¿Te fue fácil, Betita, la vida en la hacienda? Yo espero que sí, pues hasta adoptaste al chamaquerío con tal de hacernos creer a todos que éramos una familia. Tampoco me cuestionaste dónde pasaba las mañanas que no araba el campo, o por qué iba tanto a Parral, porque nuestra relación era más de silencios sobrentendidos que de manoteos y palabras gastadas. La paz junto a ti se hizo posible: una paz que sólo sentía cuando mi madre, en aquella infancia, me acogía entre sus faldas para acariciarme la cabeza. Betita, tan pequeña que te me evaporabas en la cama, escurridiza cuando había que tomar decisiones ajenas a tu voluntad. Me voy pronto, quizás ahora, pero quiero que te quedes con la seguridad de que de todas las mujeres, y no tienes que contar cuántas, fuiste la única a la que yo elegí porque me gustaba todo, porque reunías las cositas bonitas que cada una tenía por separado. Se les queda a tus hijos un país difícil, pero mejor del que yo tuve cuando niño. A mí no me interesó el poder. Me importaba más la paz para trabajar, y pues sólo a balazos se pudo obtener. Ojalá no hubiera sido así, pero hay destinos que no podemos evitar. Tú sabes que nunca fui tan feliz con nadie más, porque contigo sí compartí la vida en familia que con nadie pude encontrar. Contigo sí crie a mis hijos. Contigo pude ser el hombre que a fuerza de reatazos y balazos cincelé: un hombre noble que viera por sus hermanos, trabajador, honesto. Un mexicano del que su patria estuviera orgullosa. Así fue contigo, Betita. Así quiero que me recuerdes, así les has de contar a tus hijos quién fue su padre, el Centauro del Norte. El hombre que peleó contra la injusticia, que no es lo mismo que la desigualdad, que no quería más que vivir en paz junto a sus hermanos de guerra, los que habían sufrido como él, y cuyo único anhelo en la vida era ayudar y hacer de México un lugar feliz.

Tuyo, siempre,

Pancho

XIII

¡A ESE PASO NUNCA VAMOS A LLEGAR!

La Revolución tuvo sus tropezones, sus vueltas, sus retrocesos. Fue una lucha que no llegó a consumarse nunca. A la Revolución se la robaron los peores de entre nosotros. Ni siquiera los carranclanes, el ratero mayor tiene nombre: Álvaro Obregón, el Manco de Celaya. El muy cabrón lo fue logrando de a poquito, hasta me atrevo a pensar que usó a Carranza para quedarse al fin él solo con el botín entero. Siempre quiso ser el Jefe Máximo, y al final lo logró. Puedo vanagloriarme de haber sabido todo el tiempo de quién se trataba, como cuando me fue a visitar a Chihuahua, se vino a meter a la boca del lobo nomás para que Maytorena no se hiciera con el poder completo en Sonora. A mí ya me habían cansado con sus teatritos para la prensa extranjera, como las conferencias de Torreón, pero aun así lo recibí con grandes honores militares, lo invité a dormir en mi propia casa y le telegrafié a Maytorena pidiéndole que dejara de combatir, aunque en privado le prometí mi incondicionalidad e incluso le dije que no hiciese caso de mis telegramas de suspensión de hostilidades. Mientras él creía que yo me replegaba, hacía saber al gobernador Maytorena: «Hoy llega a ésta el general Obregón, quien viene con pretensiones de que lo acompañe a Sonora a arreglar conflicto que ellos han provocado, pero esté usted seguro que no me acompañaré de él y, en caso de ir, iré solo, pues deseo que las cosas se arreglen como sea de justicia.»

Alentado por mis mensajes privados Maytorena sitió Nogales, donde los partidarios de Obregón y su gente, encabezada por Calles, sufrieron la embestida. Muchos se preguntan por qué, finalmente, accedí a acompañar a Obregón a Sonora. No porque me hubiese creído sus inexistentes encantos, sino porque me ofreció que impediría que Carranza fuese presidente de México, tendiéndome una trampa. Lo llevé con Maytorena y sus yaquis, Urbalejo y Acosta.

—Suplico a usted que aquí, en presencia del señor general Villa, se sirva hacerme todos los cargos que tiene en mi contra. Usted es la autoridad, el gobernador del estado; dígame qué pruebas tiene de que yo he incitado a mis seguidores a no reconocerlo como legítimo gobernador.

—¡Contéstele, señor gobernador! —le pedí yo.

—Yo tengo la costumbre de no contestar luego las preguntas que se me hacen —fue la respuesta de May-torena.

Maytorena había sido enjaulado, y yo tenía la culpa. Por supuesto que sabía que Calles quería deponerlo. Me veía sin poder creerlo: sin mi apoyo, su silencio era elocuente. Obregón le ofreció pactar.

—Si no se arreglan será porque usted no quiere —terminé amenazándolo, quizá para ocultar mi vergüenza. Obregón, a cambio de ser reconocido como jefe supremo, reconocería a su vez a Maytorena nombrándolo jefe de todas las fuerzas del estado, incluidas aquéllas que lo habían combatido.

Veinticuatro horas duró el mentado acuerdo. Un grupo de supuestos seguidores de Maytorena publicó un desplegado insultando a Obregón, pretexto suficiente para desconocerlo y nombrar a Juan Cabral, otro jefe sonorense que se había mantenido al margen de la escaramuza. Yo sacrifiqué a Maytorena; Obregón no sacrificó a Carranza, como había prometido. Aun así, cuando nos despedimos alcancé a advertirle:

—Los destinos de la patria están en sus manos y las mías: unidos los dos, en menos de un minuto dominaremos al país.

No volvimos a tener ese minuto.

Y es que todos los bandos rechazaron cualquier posible acuerdo. Calles no se retiró de Sonora, Maytorena no entregó el poder a Cabral, y Carranza, por supuesto, no cedió en sus ambiciones. Álvaro Obregón era un farsante, pero todos creyeron en sus operetas. Me volvió a visitar en Chihuahua, ofrecía lo que no podía cumplir; yo estaba harto. Una noche, mientras cenaba con Raúl Madero, lo mandé llamar y le exigí que las tropas de Calles evacuaran Sonora. Se negó,

—Ahora mismo lo voy a fusilar, general —le grité, escupiendo saliva

—A mí, personalmente, me hace un bien: con esa muerte tendré una inmortalidad de la que carezco y usted va a quedar muy perjudicado —se atrevió a amenazar.

De cualquier forma preparé el pelotón de fusilamiento. Felipe Ángeles y Raúl Madero me suplicaban calmarme; no debí hacerles caso. Lo cierto es que Ángeles me asustó al advertirme que si lo mataba en mi casa, quedaría marcado para siempre en la historia.

—¿Qué dirá la prensa extranjera? Que Francisco Villa mandó asesinar a su compañero y amigo, y sobre todo a su huésped. La hospitalidad es sagrada en todas partes del mundo: dentro de un tiempo tal vez digan que Francisco Villa hizo bien en fusilar al general Obregón, pero también por muchos años serás el asesino del compañero, del amigo y del huésped.

No le contesté, sólo cancelé la ejecución y ordené que le prepararan al general Obregón un tren para la Ciudad de México.

Una joven aprendiz de secretaria había oído toda la trifulca; me disculpé con ella y ordené dos vasos de agua para calmar los nervios. Le di uno a ella, diciéndole:

—¿Me disculpa, muchachita?

Nos sentamos a cenar como si nada, o como si todo, pero mustios. La orquesta tocó, se sirvió un banquete como estaba planeado, aunque yo me ausenté del baile posterior. Obregón bailó como si le hubiesen dado cuerda, hasta las cuatro de la madrugada; que mi ausencia le indicase al menos que no había sido perdonado.

Fui personalmente a despedir a Obregón a la estación:

—Francisco Villa no es un traidor —le dije al oído mientras lo abrazaba—. Francisco Villa no mata hombres indefensos y menos a ti, compañerito, que eres mi huésped. Yo te voy a probar que Pancho Villa es hombre, y si Carranza no lo respeta, sabré cumplir con los deberes de la patria.

Si le hubiera hecho caso a Urbina y a Fierro en lugar de a Ángeles, otro país hubiera heredado la Revolución a sus hijos. Todo lo hacía yo para lograr que Carranza firmara como presidente *provisional* y luego convocase a elecciones libres a las que no podía postularse. Pero uno no debe confiar en carranclanes; así no avanza. Lo aprendí a lo duro. Carranza, no bien se fue Obregón, cortó las vías y me declaró enemigo. Yo lo desconocí: ahí se fijó para siempre el destino de la Revolución. Ordené que el tren que llevaba a Obregón regresase a Chihuahua. Lo tuve de nuevo en mi casa pero lo mandé de vuelta, ahora sí para ejecutarlo fuera, no como mi huésped. Un tren al mando de Mateo Almanza debía alcanzarlo, detenerlo y fusilarlo, pero los malvados tienen suerte y Almanza dejó pasar el tren de Obregón, por descuido. Pedí que otro tren lo esperase en Gómez Palacio, pero fue interceptado antes por otro en el que iban dos que se decían villistas pero andaban en realidad con Obregón, Eugenio Aguirre Benavides y José Isabel Robles; qué fácil aparecer como leales y dejarlo irse hasta Aguascalientes, donde estaban las tropas de Carranza.

Aprisita siguieron las traiciones y Obregón pactó con Carranza. Se dio tiempo, o se dio cuenta de que no era su momento y supo esperar, no lo sé. Si estaba esperando, pues se puso impaciente porque a mí nadie me quita de la cabeza que fue él quien mandó matar al Primer Jefe en Tlaxcalantongo. Pero antes, claro, vino la Convención de Aguascalientes, y allí dije lo que tenía que decir entre otras cosas en medio de esa jauría hambrienta:

—Van a oír de un hombre enteramente inculto las palabras sinceras que le dicta su corazón. Francisco Villa no será vergüenza para todos los hombres conscientes, porque será el primero en no pedir nada para él.

Luego vino otra ruptura, y el gobierno convencionalista, y otra ruptura. Y Carranza y Obregón, siempre ya mis enemigos. Y vino Celaya, y perdí Celaya.

Porque para mí vino la guerra. La de a de veras. La que me consumió del todo. En la que me entregué para siempre. Me volví no un Centauro, más bien un tigre o un jaguar en brama.

XIV

LA MUERTE NO MATA A NADIE, LA MATADORA ES LA SUERTE

Como dice un corrido, la muerte no mata a nadie, la matadora es la suerte. El otro día que de veras iba a morir fue en la cueva de Santa Ana, y yo tenía la conciencia tranquila. Llevaba días huyendo de las huestes carrancistas y de los gringos de Pershing; nadie me encontraba. Cuando le preguntaban a los generales carrancistas o a los jefes gringos que dónde estaba yo, contestaban:

—Tengo el honor de informar a usted que en estos momentos Francisco Villa se encuentra en todas partes y en ninguna.

Solo y herido rezaba sin rezar, porque nunca creí en Dios, para no morir allí como un animal acorralado, pero sabía con toda certeza, más de que la que tengo ahora, que así iba a suceder en las próximas horas. No quería dejar este país que todavía no encontraba su rumbo, tampoco quería que entrara en conflicto con Estados Unidos. Mi deber era resolver por lo menos la parte que me correspondía. Por todos lados me dolía la herida, pero sobre todo, por todos lados sentía la traición al movimiento, a la patria, al futuro de la República. Me parecía inadmisible que tan sólo para justificar mi aprehensión se hubiera violado la soberanía, dejando que tropas de Estados Unidos atravesaran armadas el territorio.

Por supuesto, después de Díaz y la conquista civil y política, había que curar las heridas, «mitigar los dolores, encarrilarse definitivamente por la senda de la prosperidad». Con el señor Madero por fin habíamos ganado la esperanza de salir adelante, pero nos manchamos las manos con un crimen atroz que la Historia nunca habría de perdonar, contra él y el inmaculado patriota don José María Pino Suárez; asesinamos, una vez más, para satisfacer los más viles deseos de poder y anarquía. En manos de Victoriano Huerta estuvimos poco tiempo, porque lo malo no puede ser eterno, y a mi regreso de Estados Unidos lo derrocamos tras haber escapado de la muerte por primera vez, justo frente a su pelotón de fusilamiento.

Años después, casi un lustro había pasado, volví a encararme con la huesuda. Esta vez fue porque Venustiano Carranza, quien era mi capataz allá cuando yo araba el campo, y que siempre había tenido buena estrella y no sabía qué era no tener ni una tortilla para comer ni lo que era la sed, quiso eliminarme: desde su palacete ordenó que me capturaran vivo o muerto. Ya había olvidado los días en que luchamos hombro a hombro, en 1914, y ahora tenía establecido un gobierno antidemocrático con reformas económicas que no beneficiaban a los que nunca tuvieron nada. Desde que yo era constitucionalista, Carranza se había dedicado a injuriarme a mis espaldas y a avanzar hacia la silla del poder, olvidando que nuestra única bandera era el bienestar del pueblo. En septiembre de ese año, la División del Norte a mi cargo y el Cuerpo del Ejército del Noroeste, al mando de Álvaro Obregón, entregaron a Carranza, ya encargado del Poder Ejecutivo, el proyecto para la organización del gobierno interino: lo más importante era que éste convocara a elecciones y estableciera la reforma agraria, pero Carranza desatendió el petitorio y nos ignoró. Por todos los medios intentamos salvar las diferencias con el Poder Ejecutivo, hasta que tuvimos que desconocerlo. Así empezó su persecución contra mi gente, contra mí, contra el pueblo que no estuviera de acuerdo con su nueva majestad. Su reforma agraria fue un ridículo y tardío intento de legitimarse; mi gente en Chihuahua moría de hambre, corría 1915. Mientras todos luchábamos contra todos, Estados Unidos iba como lagartija, avanzando de a poco en pos de sus intereses. Woodrow Wilson, voraz y oportunista, convocó hipócrita a un acuerdo de paz entre líderes. A Obregón y a mí nos convenía esa injerencia estadounidense porque hacía tambalear a su alteza Carranza pero no sirvió de mucho, al final lo reconocieron y, por lo tanto, nos declararon enemigos de la paz social. Los carrancistas fueron conquistando el país, sembrando incertidumbre y engaño a cada paso. Mi última carta fue atacar Columbus, Nuevo México; qué carambas, yo no iba a permitir que mi patria fuera vendida entre los secretos deseos de Carranza y la rapacidad de Wilson. Carranza permitió el paso de las tropas estadounidenses para darme fin, así quedaba bien con ellos al permitirles cobrar venganza y se lavaba las manos si me encontraban antes: una cooperación militar para acabar conmigo, el bandido Villa. Nuevamente Carranza daría muestra de la indignidad que lo caracterizaba al tenderle a Emiliano Zapata una trampa de la que no habría de salir vivo, manchando los últimos años de la Revolución con la muerte a traición y por las armas de los que fueron sus mejores hombres. Nos matamos los unos a los otros sin medir las consecuencias de nuestra ambición, de nuestra traición al pueblo, el único que importa, la razón misma de la guerra.

Sabía, pues, a lo que iba cuando quise provocar a los gringuitos, pues balas tenía para todos, aunque desde antes la gente de Carranza también andaba a las vivas, esperando con el alma en vilo la reacción de Estados Unidos.

—Ya puedo confirmarle, mi general, el temor que siempre he abrigado: si usted ataca, las tropas estadounidenses cargarán en su contra —me dijo en una de esas mi coronel.

—Ah, pues si lo hacen, ¿qué, nos vamos a rajar? —le contesté arreglándole la botonadura dorada.

—¡No faltaba más, mi general, vamos entrándole! —me contestó como me hubiera contestado cualquier otro de mis hermanos de batalla y de vida.

Pero no sólo me tenía a mí como pinche piedrita en el zapato, el camarada Carranza tenía muchos más adeudos, pues la gente que fue despojada de sus tierras se las reclamaba; no había hecho tampoco el reparto justo de las haciendas y los ejidos ni mejorado en absoluto la situación de abuso contra el obrero. Su programa de reformas, pues, no era más que un plan timorato para irse estableciendo como hizo Porfirio Díaz en sus peores momentos, usando al pueblo como carne de cañón. Todas las injurias y calumnias cayeron sobre nosotros y quedamos solos a merced de los gringos, que con perros y apaches nos fueron cercando. Los obcecados seguidores de Carranza, que creyeron que él les traería la paz que tanto anhelaban para la República, nunca estuvieron tan equivocados.

—Consideran los ilusos que Venustiano Carranza podrá consolidar un gobierno fuerte, duradero y sólido, pero no tiene control de las fuerzas indisciplinadas, cada día se fomentan y crecen más la desunión y la discordia. Si contara con el pueblo, hace mucho tiempo que hubiera triunfado sin necesidad de regar los campos de batalla con la sangre de nuestros hermanos —así lo había publicado yo en mi manifiesto de Naco, un año antes de casi morir en la cueva.

Mi lugar siempre estuvo junto a mis hermanos, junto al pueblo, nunca del lado del poder y menos del usurpador.

Tras la batalla en Ciudad Guerrero, donde me habían alojado una bala en la pierna, sólo me quedaba huir, pues de pronto tuve la certeza de que quería morir con mi orgullo intacto y no a la vista de tanto buey. Además, mi gente estaba desanimada: apenas si habíamos podido salir del perímetro del ejército carrancista y lo mismo del estadounidense, que me superaba en número por cientos.

—Qué poquitos quedamos. No se desanimen; siempre seré su jefe, así tenga que pelear contra Carranza otros cuarenta años.

»La de malas nos persigue. Los he mandado reunir para comunicarles que tengo que dejarlos mientras sano. Yo me voy a un rumbo desconocido, acompañado de Joaquín Álvarez y Bernabé Sifuentes. Nos veremos dentro de dos meses a más tardar.»

Fue así que entre los tarahumaras, envuelto en un cobertor y sobre una mula, llegué a la cueva donde bien sabía que iba a morir. La pierna se me gangrenaba o ya de repente ni la sentía. Quería en mis delirios que me mataran de un balazo, como al mejor de los caballos cuando una víbora ponzoñosa lo muerde. Veníamos de haber logrado las tres batallas en Ciudad Guerrero, me les había escabullido con la pata coja. En la cueva estuve casi solo, y más en miseria me sentía cuando la noche se hacía boca de lobo y se escuchaban a lo lejos los ladridos de los perros de Pershing. A la cueva cubierta de vegetación había arribado en una parihuela, improvisación de los muchachos; el general Nicolás Fernández me llevó sobre sus hombros y atrás venían mis buenos compañeros. Fui depositado casi con lástima, yo veía en los ojos de mis hombres cómo se despedían de mí. Desde afuera escucharon los tres mis últimas peticiones:

—En lo subsecuente, Nicolás será el jefe de las fuerzas leales. Sacrificarán a mi caballo y camino abajo han de enterrarlo para que nadie huela mi sangre; mucho menos que me destacen esos méndigos sabuesos que los gringos han de tener. Pero, sobre todo, para que crean que allí morí y me enterraron. Una cruz deben poner sobre la fosa.

Así lo cumplieron aquellos valientes mientras yo me estuve debatiendo para no irme de este mundo en un lugar tan inhóspito; sólo las sabandijas debían morir en tal anonimato. Las fiebres que me dieron los siguientes días ayudaron a que me evadiera del lugar, a que no tuviera tal conciencia de la inhumanidad que había en mi lecho de piedra. De no ser porque a veces asomaba los ojos, casi sacándomelos para evitar que alguien me percibiera, y contemplaba lo verde de los pinos, la vegetación de tan noble montaña, quizás hubiera muerto de la tristeza, que no de la herida. A veces me platicaban desde afuera mis dos centinelas, quedito, para asegurarse de que no había perdido la razón, de que todavía estaba vivo. Cuando la fiebre me atontaba estoy seguro que lloraban, porque su voz recia se entrecortaba tratando de platicarme sobre cosas insignificantes para un hombre próximo a la muerte. Entre mis desvaríos preguntaba por cada uno de los cincuenta mil hombres que hacía un par de días arreábamos por la libertad y el bienestar de México. Ellos estaban seguros de que los había llevado hasta allí para bien morir, lejos de la idea de que esos méndigos gringos pudieran destazarme y jugar con mi cabeza. A Bernabé le di la vital encomienda de encontrar todos los días un poco de agua en distintos sitios de la montaña. Cuatro leguas abajo debía cruzar para encontrarla, y así él también se mantenía activo, lejos de la inopia de estar resguardando la cueva de nadie. Esos días pude sincerarme conmigo mismo y darme cuenta de qué valía en la vida y qué no. Quería tener la oportunidad de llevar a cabo mi proyecto de paz y de trabajo;

además, no podía morir enfrente de mis muchachos y dejarlos morir también, así que de repente me inventaba cualquier historia para tenerlos contentos y entretenidos.

Un día escuchamos que los soldados gringos se acercaban: los perros que traían se habían vuelto locos porque olieron la carne putrefacta de un becerro que el Juan se comió y luego enterró. ¡Pobres inocentes! Ya no sabían ni por dónde buscarme. Así nos mantuvieron con el Jesús en la boca. Pero era mi destino no quedarme en sus manos y sobrevivir a base de agua sacada de las plantas y de arroz, como los seres más básicos de la naturaleza. Ya todos éramos unos fiambres, una miseria para cuando terminó el casi año de la captura punitiva. ¡Qué vida fue esa muerte tan cercana, viendo entre mis pesadillas a esos pinches güeros! Cuando por fin salimos de la cueva, el coronel Álvarez, tan débil como él también andaba, me cargó con un solo brazo para montarme sobre el caballo. Así habré estado, tan parecido a la calaca.

Después de esos días, agradecí infinitamente cada segundo más que pude seguir luchando por este país, y también la comida, las mujeres y los hijos que tuve en adelante. Nunca codicié la presidencia, y menos después de ese tiempo, ni los ministerios ni el gobierno de ningún estado, ni el más humilde puesto de la administración; así como yo, ninguno de mis Dorados. Todos nada más aspirábamos a comer y a vivir en paz.

XV

PARRAL ME GUSTA HASTA PARA MORIRME

Ya dije que yo iba manejando cuando se cumplió el presagio de morir a hierro. En esas tierras todos me conocían, fueran mis amigos o mis enemigos, pero teníamos como código tácito dejar vivir sin estorbar al otro. Por eso yo no traía al ejército a mis espaldas: únicamente a mis muchachos, que bien a bien, pues me ayudaban a hacer las cuentas, a cobrar en el hotel y cualquier otra cosa que necesitara Manuelita, que llevaba la administración. Por lo menos me fui del mundo haciendo lo que mejor sabía: el amor. Antes de partir, Manuelita me abrazó como nunca y así subí al coche que me trasladaría al fin del mundo. El silencio en las calles desde que arrancamos el carrito se hacía pesado, había un sopor en el aire. Los cinco íbamos reconcentrados, como aletargados por el sonsonete del motor que libraba cuanta piedra se le iba apareciendo; yo como que quería decir muchas cosas, pero traía atorado el pedazo de carne que me acababa de desayunar en el hotel. Sentía una opresión en el pecho, la seguridad de que ya no había nada que hacer ni para dónde moverse ante el destino final. Me vinieron a la cabeza todos los que habíamos dado la vida por la República: hombres, mujeres y niños, por cientos de miles nos contaríamos los muertos.

Hacía pocos años habían acribillado al Caudillo del Sur. *Pobre cabrón*, pensé cuando me llegó la noticia. *Carranza era quien debía morir, pero el muy cobarde, a quien no puede vencer en la batalla, de hombre a hombre, lo asesina por la espalda.*

Sentí la panza descompuesta esos días tras el crimen nefando que lo apartó de su gente; ahora el sur se quedaba huérfano, sin héroes.

Poco a poco se iba minando la Revolución, acababan con los paladines de la libertad. Igual que a mí, a Zapata le tendieron una trampa, le hicieron creer que podría reunir fuerzas contra Carranza, y tras el asesinato de cincuenta carrancistas lo convencieron de ir a la hacienda de Chinameca, en Morelos, donde cobardemente fue acribillado a tiros, como lo sería yo después. Tampoco tuvo tiempo de dispararles, ni de recordarles a su madre. Nos habíamos visto tantas veces, luchado por el mismo compromiso de garantizar la felicidad del pueblo mexicano. Jamás nos hicieron retroceder. Cada quien con sus modos, pues, pero ejercimos la disciplina, la honradez nos caracterizó y nos unió nuestra desavenencia contra Carranza, un presidente espurio que no se podía llamar gobierno, que jamás garantizó los intereses del pueblo, un hombre que ejerció el puro bandidaje. Quizás porque siempre tuve esa habilidad de ver más allá del mañana y porque además el movimiento de la Revolución se había caracterizado por las puñaladas por la espalda, le escribí una carta desde el corazón:

Querido compañero, caminen ustedes con pasos lentos, observando entre la alta política por medio de sus amigos cuáles son los pasos del traidor. Muy contento me sentiré al tener una carta de Ud. que desde hace tiempo no veo y mientras esto sucede, reciban Ud. y sus jefes, oficiales y soldados de su digno mando, el aprecio de sus hermanos del norte que nunca los olvidarán.

Nunca los olvidamos, y en Canutillo sembramos árboles con sus nombres pensando que no podía haber mejor homenaje a su lucha.

Después de esos trances, cuando por fin pude ver libre al país de ese malnacido de Carranza y subió el general Álvaro Obregón, yo creí que ahora sí llegaba el momento de dejar atrás los balazos, que México podría muy pronto vivir sin ejército porque la paz reinaría; la profesión de soldado sería la más obsoleta en una nación que marchaba con esperanza y trabajo. Qué poco me duró la ilusión.

Esa mañana el bochorno avanzaba, sentía húmedas todas las partes del cuerpo; tenía un sabor amargo y la quijada trabada. Volanteaba con rigidez, pensando que más bien me estaba volviendo loco, pero al doblar la esquina de la calle Gabino Barreda, el parabrisas del Dodge Brothers se estrelló con la primera ráfaga de disparos. Primero creí que sería una piedra que mal había saltado, o algún chiquillo que quería lucirse; pensé incluso que era alguno de los ingenieros que tanto rencor me guardaban y que a cada guarapeta compartida se querían venir a los balazos. Pero al primer tiro sobre el vidrio, siguieron otras decenas de balas imparables. En segundos vi cómo atravesaban a Miguel Trillo, el asiento, a los tres valientes que quisieron hacer frente al hecho. El carro se colapsaba agujerado por todas partes, crujía y tronaban el metal y los vidrios. En el sitio hubieron de quedar los cuerpos derrumbados de mis muchachos y de mi secretario, y el mío propio.

Tuve que soltar el volante para intentar agarrar la pistola, que venía en mi regazo: el carro perdió el rumbo y se fue a estrellar contra un poste al pie del camino. Un ruido sordo y una levantadera de polvo fue lo último que percibí de la vida.

—Ah, malditos, no me dejen morir así, digan que dije algo.

Mis asesinos cortaron cartucho y vinieron a darme el tiro de gracia. Luego, como si nada se fueron caminando para escapar de la Historia. Todavía se robaron el abrigo que traía Miguel, los muy cínicos.

La gente del pueblo se reunió a mi alrededor. El carrito, deshecho por las balas y el choque, ya no nos contenía más: la sangre lo empañaba, la masacre estaba perpetrada. Llevaron los cadáveres hacia el portal del hotel Hidalgo, de mi propiedad. La gente no gritaba, estaba como paralizada.

Debían investigar, pero nadie salió a dar alcance a los traidores. Tomaron unas fotos de mi cuerpo agujerado y ni tardos me arreglaron para el entierro. Ya les urgía sepultarme, no fuera que me les resucitara allí mismo. El Centauro del Norte tenía fama de inmortal, ¿no podría acaso levantarse de su propia muerte y regresar a vengar la felonía?

Ahora me llorarían las mujeres y niños que antes me pedían caridad. Quién se quedaría a velar por que no murieran por nada, por hambre o por sed; nadie les repartiría un peso por cabeza que aliviara sobre todo su sentimiento de desamparo, de soledad. Yo a quién tendría que perdonar, ¿quién me las debía? Al final del camino no importaba ya tanto de qué lado estabas, sino el recuento de las traiciones y las alianzas.

Hay hombres a los que se les perdona todo, quién sabe por qué. Así me pasó a mí con Felipe Ángeles, el más inteligente de los militares que conocí durante la jodida revolución. Se había ido como por tercera ocasión a Estados Unidos con su mujer y sus cuatro hijos, y malvivía de un ranchito miserable; honesto como no conocí a otro, ni siquiera en sus épocas con Porfirio Díaz lucró con sus increíbles conocimientos de artillería. Un día —yo creo que a finales de 1918, lo que pasa con los recuerdos de un fantasma es que no todos tienen fecha— me mandó decir que quería volver a México. Nada me dio más alegría y mandé a mi secretario, Jaurrieta, a traerlo de vuelta.

—José María, lo escoltas como si fuese yo mismo. No hay que alertar a los carrancistas de su presencia, así que ni fogatas en el trayecto: duermen a cielo abierto y se calientan como puedan, pero me lo traes vivo. Es lo mejor que le queda a esta moribunda revolución.

Así ocurrió hasta que llegaron a Cuchillo Parado, lugar donde se levantó el 17 de noviembre de 1910 Toribio Ortega, uno de los primeros en tomar las armas. Allí sí que me querían; en ese pueblo no había mentadas defensas sociales, sino actividades revolucionarias.

Cómo sería que hasta hubo bailongo para recibir a Felipe Ángeles. Para esa gente, como para mí, volvía a empezar la Revolución, o más bien no se había detenido nunca.

Unos días después Jaurrieta llegó con mi antiguo amigo a la hacienda de Tosesihua, donde estaba mi campamento. ¡Qué alegría verlo! Lo saludé con un gran abrazo:

—¡Mi general! —y él respondió con el mismo respeto e idénticas palabras:

—¡Mi general! —y continuó el abrazo apretado. Era como si un hermano mayor regresase a casa.

—Ahora sí tengo esperanzas de que ganaremos esta revolución y derrotaremos a Carranza —le dije con los ojos bañados en lágrimas de felicidad.

—General, no quiero desilusionarlo, pero no he regresado a combatir.

—¿Cómo está eso?

—No. Vengo en misión de amor y paz, a buscar la manera de que ya se termine esta lucha salvaje que destroza al pueblo mexicano. Vengo a unificar en un solo grupo a todos los bandos políticos, sin distinción de credos.

—Ése es un sueño, mi general; son ya más las cosas que nos separan que las que nos unen.

—Será una utopía, pero no estaré tranquilo hasta lograrlo.

—A mí lo que me preocupa, general, es tener un ejército de más regulares. Todo mundo huye cuando tomamos un pueblo, temerosos de que los incorporemos a la lucha. Ya ve, ahora no nos siguen más que puros vaqueritos, así que tendremos un gobierno de vaqueritos.

—No, Villa, no me lo tome a mal: si logramos la paz, tendremos al fin un gobierno democrático, el sueño de nuestro querido Madero, la razón por la que nos levantamos.

Lo dejé perorando sobre lo que había aprendido en Estados Unidos, su firma en Nueva York de la Alianza Liberal. Me tendió una copia del manifiesto; yo ya estaba pensando en cómo seguir la campaña.

Así nos estuvimos los primeros meses de 1919. Recuerdo una ocasión en que Trillo, tan intelectual como Ángeles, les leyó a los soldados después de la toma de Río Florido el mentado manifiesto de la Alianza Liberal y les preguntó a los soldados y oficiales:

—¿Qué les parece este plan? ¿Qué dicen de la Constitución de 1857?

—la querían rescatar para borrar la de 1917.

—Yo no sé mucho de constituciones, pero si Carranza abolió la del 57, entonces debe ser la buena —le contestó uno de sus generales.

Luego atacamos Parral y la volví a hacer mía. Muchas venganzas tenía que cumplir allí con todos los traidores, el mismo jefe de la guarnición, el general Medinaveitia, que se había aliado a los carrancistas cuando era uno de mis Dorados. Pero también quería pasar por las armas a los ricos y a sus defensas sociales.

Cuando ya la ciudad se había rendido, los defensas seguían pertrechados en el Cerro de la Cruz y amenazaban con atacar. Cuando los atrapamos, los traje al colegio de niñas y les pregunté delante de todo el pueblo:

—A ver, señores, tengo entendido que una defensa social la organizan los pueblos para evitar que un bandido entre y les robe sus cosas o ultraje a las familias honradas. Si ustedes son la defensa social y yo soy el bandido tan temido, pues creo que no les queda duda que si los he hecho prisioneros recibirán un castigo ejemplar, ¿estamos de acuerdo?

Un silencio de esos densos como antes de una tormenta, las miradas de todos esperando que ordenase su ejecución inmediata. ¿No era yo el cruel jaguar que tanto temían?

—Pues he decidido que voy a ponerlos en completa libertad para que cuiden a sus familias, que gritan acá afuera y a las que ustedes juraron defender.

Al salir uno gritó «¡Viva Villa!», más para curarse de espanto que por creerlo.

Sólo me guardé a los tres Herrera, los peores de los traidores; a ésos nada de libertad. Yo mismo fui a presenciar su fusilamiento: José de la Luz, el padre, y sus hijos Zeferino y Melchor. A ésos no podía perdonarlos, por haberse vuelto carrancistas.

La campaña iba bien hasta que tomamos Ciudad Juárez —o más bien intentamos tomarla—, ahí como que empezó la derrota que me llevaría a la rendición y a Canutillo y que, eventualmente, iba a representar la captura y muerte del general Felipe Ángeles, un verdadero militar. Tres veces ataqué el fuerte Hidalgo y casi muero la segunda; si nos derrotaron fue porque los carrancistas dejaron pasar a los gringos por la frontera. El general Erwin y los suyos cruzaron el límite con el pretexto de que balas villistas habían caído de su lado en El Paso, resultando heridas dos personas.

Tuvimos que ordenar la retirada, diezmados y con la moral por los suelos. José María Jaurrieta me dijo que esa misma tarde Ángeles le había manifestado su deseo de separarse de las fuerzas villistas, dice que le explicó:

—Esto no tiene remedio, ¡el general Villa jamás será aceptado por el gobierno de la Casa Blanca! Podría regresarme a Estados Unidos, pues es nula mi participación en esta causa, pero sería cobarde. Lo único que deseo es morir, se lo digo de todo corazón.

Yo estaba enojado y les dije a mis oficiales que tenían permiso de atrapar y matar en frío a cualquier estadounidense que se encontraran. Había vuelto a perder a mi más inteligente general, a quien había pensado ceder el control de mi campaña revolucionaria final. Lo mandé con una pequeña escolta y anduvo escondido y vagando por distintos lugares, como un apestado; como un animal herido, como yo mismo tanto tiempo. Félix Salas, que había luchado bajo las órdenes de Martín López, lo escondió en una cueva de Chihuahua y luego lo vendió como judas por seis mil pesos. Gabino Sandoval, otro villista traidor, y cuarenta hombres más lo capturaron en el cerro de los Moros. Le hicieron un consejo de guerra, y a pesar de que Ángeles negó que quisiera la destrucción del país y reiteró lo que me había dicho, su mensaje de amor y paz, lo condenaron a muerte.

El consejo ocurrió en el Teatro de los Héroes y la multitud aplaudía, según me contaron, cada que hablaba Felipe Ángeles, superior como siempre a todos los que lo juzgaban. Lo cuestionaron por juntarse con un bandido como yo, alguien que cometía tantos crímenes.

—Villa es bueno en el fondo —dicen que dijo—, a Villa lo han hecho malo las circunstancias. Ésos que ahora me traicionan y se levantan contra mí son los mismos asaltantes de Columbus, los violadores de muchachitas de trece y catorce años; los que han robado y asesinado.

No me gustó el retrato del villismo que hizo para defenderse, pero no lo culpo. Eso es lo que los intelectuales siempre pensaron de mí: un general maleducado, un cuatrero analfabeta que aprendió a leer de grande.

Antes de ser fusilado le preguntaron si quería un cura:

—Mejor que un confesor —dicen que dijo—, debería estar aquí un psicólogo que estudiara, en provecho de la humanidad, los últimos momentos de un hombre que teniendo amor a la vida no teme perderla.

Igual pensaba yo entonces, y ahora soy un fantasma que se niega a descansar. Como dice el corrido, la muerte no mata a nadie:

Aquí está mi corazón
para que lo hagan pedazos,
porque me sobra valor
pa resistir los balazos.

XVI

Nadie hace bien lo que no sabe

Supe, como he venido diciendo, la hora de mi muerte: miré mi cuerpo agujerado a balazos aunque no sabía de antemano cómo ocurriría la circunstancia misma, la emboscada de Melitón, Salas Barraza y los suyos, seguro con órdenes del hijo de la chingada de Obregón y el no menos desmadrado de Calles. Lo que no puede saber nadie es si una vez muerto lo van a dejar en paz. Primero porque el gobernador Enríquez no dejó que me enterraran en la cripta que me mandé hacer en la ciudad de Chihuahua; no quería un sepelio suntuoso ni mucho menos un levantamiento, pero me fueron a guardar en el pequeño cementerio a las afueras de Hidalgo del Parral, al pie de la carretera que va pal norte. Casi al fondo me dieron sepultura, en la cripta número 632 de la sección novena para más señas, una losa de cemento apenas a un metro del suelo, por un tiempo una tumba sin nombre. Nada del entierro que me imaginé, lleno de niños, de poetas, de cantantes entonando sus corridos. Allí, si es que eso puede decirse, *descansaba* mi cuerpo, o más bien se pudría mientras yo iba y venía sin consuelo, viendo derrotado las venganzas de mis viudas, el pleito entre Betita y Luz Corral por el hotel Hidalgo, al país pudriéndose, a la Revolución bien muerta y amortajada como yo mismo.

Pues bien, quién iba a decir que tampoco dejarían que ese cuerpo embalsamado se fuera deshaciendo solito. Juan Amparán, el administrador del panteón, fue el primero en darse cuenta un 6 de febrero (corría el año de 1926, a casi tres años de mi asesinato) de que la tumba estaba abierta y la tapa de la caja rota con una barreta.

Se asomó a ver los restos; miró mi cadáver, al que le faltaba la cabeza. ¿Cómo habría ocurrido? ¿A quién demonios se le había ocurrido decapitar el cadáver de Pancho Villa?

Corrió al Palacio Municipal a ver a don Enrique Domínguez, para avisarle de lo ocurrido. El alcalde pensó que se trataba de una broma, o que Amparán andaba cuete, y mandó a su jefe de parques, jardines y panteones a averiguar si era cierto que me habían cortado la cabeza.

—¡Pinche escándalo, carajo! Lo que nos faltaba.

Severo Hinojos se llamaba quien fue a hacer las diligencias al panteón. Encontró cuchillos, una botella tequilera llena de alcohol, algodones ensangrentados. ¿Un muerto de tres años tiene sangre? No se hicieron esa pregunta ni Hinojos ni el mismo médico de Parral, el doctor Guerra Martínez, quien tomó fotos mientras se regaba la noticia gracias a los chismosos del pueblo.

Empezó con la cabeza pero a punto de las seis de la tarde ya la noticia había cambiado unas cien veces: que si se habían robado mi cuerpo, que si me habían cortado también las manos, que seguro el que lo hizo era un profesional.

—O un carnicero —dijo el agente del Ministerio Público, el licenciado Anaya, en la cantina esa noche.

—¿Le van a hacer autopsia? —le preguntó alguno a Gabas, como se apellidaba el juez que vería el caso y que estaba también allí bebiendo ese 6 de febrero en que se dieron cuenta de que me habían decapitado.

—No se le hacen dos autopsias a un mismo cadáver. Ya sellamos la cripta para que el gobernador decida si se llevan los restos de una buena vez para Chihuahua, al panteón de la Regla.

—Para qué van a querer un muerto sin cabeza.

—Uno sin cabeza es mejor que una tumba vacía.

Luego se dijo que fueron unos soldados quienes profanaron mi sepulcro: el jefe de la guarnición de Parral, un tal Panchito Durazo, y otro coronel, Nacho Sánchez Anaya, lo hicieron por unos cuantos pesos. Mucho se especuló después que si fue para un gringo loco a quien se la iban a llevar a El Paso, en el hotel Sheldon, quien tenía un cliente en Chicago para mi cabeza. Y como el 10 de marzo destituyeron a Durazo del mando y lo relevó un coronel, un tal Villanueva, el rumor empezó a crecer culpándolo.

Acusaron también a Manuel Villaraoz, el médico militar del destacamento de Parral, quien supuestamente recibió órdenes de Durazo, al que le había pagado un gringo, Holmdahl, guía de la Punitiva y que recibiera el encargo de dos doctores de Chicago, James Whitney Hall y Orlando Scott, quienes a su vez trabajaban para un millonario experto en frenología y criminología que deseaba estudiar el cerebro del bandido más célebre de México, como si yo fuera un asesino demente.

Un criminal.

Luego se dijo que el culpable era el propio Emil Holmdahl, carrancista mercenario que estuvo del lado de Obregón en Celaya; se vino a Parral con suficiente dinero para sobornar a quien fuese y poder llevarse mi cráneo a Chicago.

Se hospedó en el hotel Fuentes, en el número siete de la Plazuela de Guadalupe, junto con un mexicano, Alberto Corral; nada que ver con doña Luz, por si quieren atar cabos que no están sueltos. En su propio coche fueron al panteón, lo estacionaron por el camino de Las Cuevas y saltaron la barda.

La sangre era de Holmdahl, quien se cortó al abrir la caja, el muy pendejo, y eso que era ingeniero veterano de la Primera Guerra Mundial. Otra historia; otro cuento.

Los muertos de tres años no tienen sangre, aunque nadie se lo preguntó al día siguiente cuando Amparán vio que mi sepultura había sido violada. Entonces no se acordó, pero por la tarde le vino a la mente que dos tipos habían preguntado por la tumba sin nombre del general Villa; dos fuereños, le dijo al licenciado Anaya. La cruz de madera pintada de negro anunciaba que allí debiera yo descansar por siempre, pero la muerte debía ser igual que la vida, un eterno trajinar.

Vieron más sangre cuando los aprehendieron a la medianoche del día 7: hallaron un hacha manchada y al gringo herido.

Pero ya dije que tenían dinero, así que a las setenta y dos horas los pusieron en libertad por falta de pruebas.

La pobre Betita escuchó otros chismes y se los creyó, y por eso denunció a un negro, Silvino Gallegos; había estado en pláticas con el gringo y con Corral en la cantina del Club Minero, en la calle Mercaderes. Nada pudieron probarle al negro. Nadie es culpable de hablar con dos extraños entre copas.

Y es que la verdad siempre se tapa con mil velos. La verdad se vuelve imposible, por oculta. La verdad no existe, sólo quedan las historias, lo que se cuenta, lo que se dice, y se va aderezando con más y más cuentos, hasta que lo que todos aceptan como cierto es la más grande de las mentiras.

Se dijo, nomás sirva como ejemplo, que Obregón había pedido mi cabeza. Para qué iba a quererla el muy cabrón: su mayor trofeo fue mi muerte, sacarme de la jugada. La mera verdad es que al general Durazo le ofrecieron diez mil dólares gringos por mis despojos. No iba él, quien estaba a cargo de la guarnición no podía hacer el trabajo. Se lo encargó a un capitán de infantería, José Elpidio Garcilazo. Las instrucciones eran claras:

—Con la mayor reserva del caso, abre usted la tumba del bandido que se hacía llamar Pancho Villa y me trae su cabeza cortada.

—¡Cómo va a creer, mi general! Luego se me va a aparecer el muerto enmuinado.

—Así como usted, yo también recibo órdenes. Son del mismo presidente —miente Durazo—, así que acátelas o lo mando acuartelar y si me da la gana lo fusilo.

Dos meses tardó Garcilazo en aceptar la encomienda, pero él mismo pasó la orden a un cabo, José Silva, para que fuese él quien se manchara las manos.

Doy miedo hasta muerto. Para agarrar valor o para hacerse el muy valiente, Silva lo propaga por las cantinas de Parral.

Garcilazo lo releva de la extraña orden y se la pasa a otro cabo bajo sus órdenes, de apellido Figueroa. Éste se lleva a unos rasos: José Martínez, Nivardo Chávez y Anastasio Ochoa.

Empiezan su labor a las diez de la noche del 5 de febrero.

La botella de alcohol es para desinfectarse las manos.

¡Qué iban a ser manos expertas las que habrían de decapitarme! Nivardo Chávez, con ganas de terminar de una buena vez con el encargo, me corta la cabeza con dos golpes de barreta. Está borracho. Martínez termina de cortarla, más cauto, con un cuchillo, pero ya han roto las vértebras.

La operación dura mucho, son las tres de la mañana cuando terminan. La botella de alcohol les sirvió para embrutecerse, más que para desinfectar las manos.

La sangre no era de Holmdahl sino de Martínez, quien se cortó con el cuchillo.

No bien clarea entregan la cabeza envuelta en un sarape al capitán segundo José Elpidio Garcilazo; ni siquiera la destapa para cerciorarse. Sus hombres están sucios y ebrios. Le pide a Figueroa que se la lleve directo al coronel Durazo.

—La va a recibir el jefe de su escolta, el sargento Rodríguez; luego se vienen a dar un baño y se van unos días licenciados. No los quiero ver hasta la próxima semana.

¿Y Emil Holmdahl, el antiguo huertista, el guía de Pershing y la Punitiva? ¿Qué hacía en Hidalgo de Parral con su amigo Corral, en el hotel Fuentes?

Esperaba la cabeza. Era él quien debía llevarla a Chicago.

Cruzó hacia El Paso con una simple petaquita de cuero en la que llevaba su botín. No fue Durazo quien se la llevó, él sólo cobró los diez mil dólares; fue Garcilazo, cuando al gringo lo dejaron libre por «falta de pruebas».

Dos de los soldados que hacían guardia mientras me cercenaban la cabeza desertaron. José Martínez lo contó muchas veces así, bien borracho.

Nadie le creyó, nunca.

Dijeron también que todo lo del gringo era pura mentira, que quien pidió mi cabeza fue un general carrancista, Arnulfo Gómez, que me tenía en alta estima militar y quería que analizaran mi cerebro para encontrar en algún lugar allí metido el *genio* que me hizo triunfar en tantas batallas.

¿Y la falta de genio que me hizo perder otras tantas? ¿Ésa también la podrán encontrar en algún lado de mi cuerpo? Un coronel apodado el Chololo, según esa versión imposible, les llevó mi cabeza a Gómez y sus científicos.

Que la querían en Yale, una universidad gringa, los de la Skull and Bones Society y que allí la exhibirían. Otra patraña.

Pero no va a estar uno muerto y además preocupado porque le corten la cabeza, menos por lo que le harán después de arrancarla; ya no sirve de nada, se la están comiendo los gusanos. Betita sí sufrió, era como si me hubiesen vuelto a matar. Mandó a hacer una placa, para que no volviese a quedar mi sepulcro sin nombre. Mandó también a grabar estar palabras: *Los insultos y sus autores no reemplazarán al guerrero en los brazos de la Historia y sí exhiben su bajeza.*

La gente todavía canta:

¡Pobre Pancho Villa!,
fue muy triste su destino,
morir en una emboscada
y a la mitad del camino.

¿Será? ¿Será que alguna vez alguien podrá contar la verdad? No lo creo. La verdad, ya lo menté hace rato, no existe y quizá no importa mucho. Yo sigo errando también sin encontrar lo que busco, aunque no creo que lo halle nunca y pueda convertirme al fin en arbusto o espina triste de cardenche, en pájaro o en mujer, en niño de nuevo, en unos ojos; siquiera en viento que mueve los cuerpos de los ahorcados y sus pies descalzos, pues les robaron las botas que aún eran útiles. En oscuridad empozada después de una batalla de noche, cuando todavía a caballo el general cuenta a sus muertos, queriendo irse con ellos al merito infierno: una ciega necedad que se niega a batirse en retirada y que no negocia rendición alguna.

De lo contrario estaré condenado a ser sólo palabras.

Un montón de palabras que nadie entiende y se confunden, cabronas, con el silencio.

Mínima cronología narrativa

1878. Nace Doroteo Arango en el rancho La Coyotada de Durango. Durante su infancia, vive con su madre y su hermana en la hacienda de Agustín López Negrete. Su padre muere a temprana edad y él trabaja como aparcero. En la adolescencia, llega a su casa y mata a su patrón, López Negrete, quien intentaba llevarse a su hermana. Tras este acontecimiento, huye a las montañas, perseguido por los rurales. Lo aprehenden y huye, no sin antes asesinar a varios.

1884. Luego de la expulsión de los apaches y el paso del ferrocarril por Chihuahua, los clanes Terrazas y Creel se extienden, mereciendo más animadversión por parte de la población del norte.

1899. Doroteo es capturado por las autoridades. Al no ser graves sus faltas prefieren enviarlo al ejército, del que deserta al año. Para impedir que lo detengan nuevamente, cambia de nombre a Francisco Villa.

1910. Henry Lane Wilson presenta sus credenciales como embajador de Estados Unidos en México el 5 de marzo.

Francisco I. Madero es aprehendido en Monterrey el 5 de junio; se le traslada a la ciudad de San Luis Potosí.

Díaz realiza grandes fiestas para celebrar el Centenario de la Independencia; convida a embajadores.

El 27 de septiembre, la Cámara de Diputados declara reelecto a Porfirio Díaz con Ramón Corral como vicepresidente.

El 4 de octubre Díaz es reiterado por bando como presidente para el siguiente periodo.

El 5 de octubre Francisco I. Madero, preso por el gobierno, se fuga de la ciudad de San Luis Potosí para proclamar nulas las elecciones, la «No reelección», y hacer un llamamiento a las armas.

El 20 de noviembre, en Puebla y en Chihuahua estalla la Revolución.

1911. El 30 de enero, Ricardo Flores Magón se levanta en Baja California y ocupa Mexicali.

El 6 de marzo el presidente estadounidense Taft moviliza veinte mil soldados a la frontera de México y unidades navales al golfo de México y al Pacífico.

El 24 de marzo renuncia el gabinete de Porfirio Díaz.

El 28 de marzo se presenta el nuevo gabinete.

El 1 de abril, Porfirio Díaz envía al Congreso una iniciativa decretando la no reelección del presidente y vicepresidente.

En mayo, las fuerzas revolucionarias toman Ciudad Juárez; Madero establece allí su gobierno. Después ocupan las ciudades de Pachuca, Colima, Cuernavaca, Acapulco y Chilpancingo. El día 25 renuncia Porfirio Díaz y se embarca en Veracruz el 31 hacia Europa.

Francisco León de la Barra es presidente interino hasta el 6 de noviembre.

El 7 de junio, Madero hace su entrada triunfal en la Ciudad de México.

Emiliano Zapata, jefe suriano del movimiento agrario, declara el 12 de agosto que mantendrá armadas a sus tropas mientras no se restituyan los ejidos a los pueblos.

El 1 de octubre se celebran las elecciones primarias y el 15 las secundarias.

El 2 de noviembre Madero es declarado presidente y José María Pino Suárez vicepresidente.

El 6 de noviembre toma posesión el presidente Madero para el periodo 1911-1915.

El 27 de noviembre se decreta la no reelección.

El 28 de noviembre Zapata expide el Plan de Ayala, desconociendo a Madero y pidiendo la distribución de la tercera parte de los latifundios.

El 16 de diciembre el general Bernardo Reyes, exgobernador de Nuevo León, regresa de Estados Unidos para rebelarse contra Madero; se rinde ante las autoridades de Linares el día 25, y es trasladado a la prisión militar de Santiago Tlatelolco el 26.

1912. En febrero, insurrectos antimaderistas ocupan Ciudad Juárez.

El 3 de marzo, Pascual Orozco se pronuncia contra Madero en Chihuahua.

El 25 de marzo los orozquistas triunfan en Chihuahua.

El 14 de abril Álvaro Obregón, presidente municipal de Huatabampo, recluta gente para combatir a Orozco.

El 17 de abril los antimaderistas ocupan temporalmente Culiacán.

El 3 de julio se funda en la Ciudad de México la Casa del Obrero Mundial.

El 31 de julio Álvaro Obregón derrota a Orozco en Ojitos.

El 16 de octubre el general Félix Díaz se subleva en el puerto de Veracruz y es derrotado el día 23; se le traslada de San Juan de Ulúa a la prisión militar de Santiago Tlatelolco, en la Ciudad de México.

1913. El 9 de febrero muere en combate el general Bernardo Reyes frente a Palacio Nacional, dando inicio a la Decena Trágica. Los generales Mondragón y Félix Díaz se refugian en la Ciudadela.

El 11 de febrero, Madero nombra al general Huerta comandante de la plaza y general en jefe de las fuerzas del gobierno.

El 18 de febrero Huerta traiciona a Madero y se une al movimiento rebelde. Madero y Pino Suárez son aprehendidos en Palacio.

El 19 de febrero Huerta asume el poder civil y militar, mientras la Cámara de Diputados acepta las renuncias de Madero y Pino Suárez. El presidente interino, Pedro Lascuráin (secretario de Relaciones Exteriores), nombra a Huerta en su misma cartera y renuncia media hora después; Huerta ocupa automáticamente la presidencia. El 22, Madero y Pino Suárez son asesinados al ser trasladados a la penitenciaría.

El 4 de marzo Woodrow Wilson es nombrado presidente de Estados Unidos para 1913-1917.

El 5 de marzo Ignacio L. Pesqueira, gobernador de Sonora, desconoce a Huerta y nombra jefe militar al coronel Álvaro Obregón.

El 26 de marzo Venustiano Carranza, exgobernador de Coahuila, lanza el Plan de Guadalupe desconociendo a Huerta, llamando al país a las armas y asume el cargo de primer jefe del Ejército Constitucionalista.

El 30 de mayo, Huerta convoca a elecciones extraordinarias a efectuarse en octubre para presidente y vicepresidente.

A principios de junio, fuerzas revolucionarias ocupan las ciudades de Matamoros, Zacatecas y Durango.

El 4 de julio, Venustiano Carranza emite desde su cuartel general de Monclova un decreto para distribuir el Ejército Constitucionalista en siete cuerpos: Noroeste, Noreste, Occidente, Oriente, Centro, Sur y Sureste.

El 9 de agosto el Ejército Constitucionalista dialoga con Francisco Villa sobre su adhesión al constitucionalismo. Francisco reconoce a Carranza como jefe pero no se subordina a Álvaro Obregón; se declara único y supremo jefe de las operaciones militares en Chihuahua.

En octubre, fuerzas revolucionarias ocupan Torreón. Huerta disuelve el Congreso Federal y aprehende a ochenta y cuatro diputados; convoca a elecciones extraordinarias de diputados y senadores, presidente y vicepresidente de la República.

En noviembre, fuerzas revolucionarias ocupan Culiacán y Ciudad Victoria.

El 8 de diciembre arriban a Chihuahua las fuerzas de la División del Norte, Villa asume el gobierno de la entidad.

El 10 de diciembre, Francisco Villa decreta que ningún soldado puede tener dinero o bienes particulares sin su autorización.

12 de diciembre: Villa publica en el periódico oficial del gobierno constitucionalista del estado de Chihuahua el establecimiento del Banco del Estado y la confiscación de bienes a los enemigos de la Revolución. Dispone las propiedades de las familias Terrazas, Creel, Falomir, Molinar y Luján para obras de beneficio social, pago de pensiones a viudas y huérfanos de la Revolución, así como para sostener el ejército. Emite billetes que son impresos en el estado, firmados uno por uno, y luego los manda hacer con las caras de Madero y Abraham González

a una imprenta de Estados Unidos. Decreta la condonación de hasta cincuenta por ciento de las contribuciones fiscales. La Cámara de Diputados declara nulas las elecciones del 26 de octubre. Acuerda que Huerta siga al frente del Poder Ejecutivo y fija el primer domingo de julio de 1914 para nuevas elecciones.

1914. Villa realiza proyectos de leyes, decretos, ensayos y artículos sobre el principio agrario que circulan en todo el estado.

El 3 de febrero, Woodrow Wilson levanta el embargo de armas a México para favorecer a la Revolución.

El 22 de febrero, durante la conmemoración de los asesinatos de Madero y Pino Suárez, Villa emite un discurso contra Victoriano Huerta y en pro de la lucha contra la injusticia y la esclavitud del pueblo de México.

En abril, fuerzas revolucionarias al mando de Villa toman Torreón. John Lind, enviado de Wilson, sale de Veracruz hacia Estados Unidos. En Tampico los marinos del *Dolphin*, barco de guerra de Estados Unidos, son detenidos por las autoridades del puerto; la marina de Estados Unidos impide que el vapor alemán *Ypiranga* descargue armas para Huerta, ocupando por la fuerza el puerto de Veracruz con saldo de muertos y heridos por ambos lados. El gobierno de México rompe relaciones con Estados Unidos. Fuerzas revolucionarias ocupan Monterrey. Argentina, Brasil y Chile ofrecen mediar para resolver el problema de la ocupación militar de Veracruz.

En mayo, fuerzas revolucionarias ocupan las ciudades de Tampico y Tuxpan, Tepic y Saltillo.

En junio y julio los revolucionarios toman las ciudades de Zacatecas, Guadalajara, Acapulco, Guaymas, San Luis Potosí, Colima, Aguascalientes, Guanajuato, Querétaro y Morelia. Huerta renuncia a la presidencia y sale al extranjero el día 20 de julio, dejando a Francisco S. Carvajal como interino.

En agosto, fuerzas revolucionarias ocupan las ciudades de Pachuca, Mazatlán, Toluca, Tlaxcala y Cuernavaca. El 13, Carvajal huye a Veracruz para salir del país. Se disuelven los poderes Legislativo y Judicial y el 15 las fuerzas constitucionalistas al mando de Obregón entran en la Ciudad de México junto a Venustiano Carranza, quien asume el Poder Ejecutivo.

En el verano de 1914, Villa y Carranza se separan y se vuelven enemigos. Durante los próximos años, México se verá envuelto en una guerra civil entre las facciones de Pancho Villa y Venustiano Carranza. En septiembre, el general Felipe Ángeles, mano derecha de Francisco, se declara contra Carranza. El día 22 Villa emite un manifiesto desconociendo a Carranza, que se niega a asistir a la convención de jefes revolucionarios por él convocada para ratificar su mando. Zapata se niega también a someterse a Carranza.

En los primeros días de octubre, tiene lugar en la Ciudad de México la convención de gobernadores y generales convocada por Carranza, sin la asistencia de Villa y Zapata. La convención suspende sus sesiones para reanudarlas en la ciudad de Aguascalientes, pero Carranza no asiste. De nuevo en funciones, se acuerda cesar a Carranza como Primer Jefe y a Villa como jefe de la División del Norte. Carranza desconoce los acuerdos y sale hacia Veracruz ante el retorno de las fuerzas convencionistas.

En noviembre es nombrado Eulalio Gutiérrez como presidente provisional hasta mayo de 1915. Carranza, desde Córdoba, desconoce lo proclamado por la Convención de Aguascalientes y manifiesta que seguirá al frente del Poder Ejecutivo. Los carrancistas ocupan la ciudad de Oaxaca y son desalojados por los zapatistas. Las fuerzas militares de Estados Unidos entregan el puerto de Veracruz; Carranza se instala allí y lo declara capital de la República el 24 noviembre. Los zapatistas ocupan la ciudad de Toluca.

El 6 de diciembre entra en la Ciudad de México Eulalio Gutiérrez con el ejército de la Convención, compuesto de fuerzas de Villa y Zapata. El 12 de diciembre Carranza, desde Veracruz, decreta que subsiste el Plan de Guadalupe hasta el triunfo completo de la Revolución. El 14, las fuerzas de la Convención ocupan Guadalajara; el 16 los zapatistas ocupan la ciudad de Puebla, y la de Tlaxcala el 25.

1915. En enero, la Convención nombra presidente a Roque González Garza; se traslada a Cuernavaca ante el avance obregonista desde Veracruz. Villa es nombrado jefe militar de las fuerzas revolucionarias convencionistas para enfrentar a Obregón.

Abril: en el Bajío, Francisco libra varias batallas contra Álvaro Obregón, que lo vence y persigue, diezmando a la División del Norte.

Junio: fuerzas constitucionalistas al mando de Pablo González ocupan la Ciudad de México y obligan a la Convención a retirarse. En noviembre declara finalizados sus trabajos, con Francisco Lagos Cházaro como último presidente, quien huye del país.

1916. En enero, Carranza traslada la capital a Querétaro. Su victoria militar es casi completa, por lo que se dedica a combatir a las fuerzas rebeldes restantes, entre ellas las de Zapata.

Estados Unidos toma partido en la batalla y apoya a Carranza. El 9 de marzo, Villa ataca la ciudad de Columbus, Nuevo México; su ataque fue la primera intervención en suelo estadounidense desde 1812.

Estados Unidos envía varios miles de soldados a cruzar la frontera para dar caza a Pancho Villa. A pesar de que pasaron casi un año en su búsqueda, nunca pudieron atraparlo. Villa continuará como líder guerrillero, ocupando ciudades esporádicamente.

1917. 5 de febrero: se promulga la nueva Constitución Política de los Estados Unidos Mexicanos. Wilson ordena el regreso de la Expedición Punitiva.

1 de mayo: Carranza ocupa la presidencia.

1919. 10 de abril: Zapata es asesinado en la hacienda de Chinameca, en Morelos.

Álvaro Obregón y Pablo González anuncian sus intenciones presidenciales.

1920. Al tratar de imponer en la presidencia a un civil por encima de las ambiciones de Obregón y González Garza, Carranza enfrenta una rebelión bajo el Plan de Agua Prieta, que lo hace abandonar la capital nuevamente rumbo a Veracruz. El 20 de mayo es asesinado y Adolfo de la Huerta se convierte en presidente interino. Quería la paz en México, por lo que negocia con Villa su jubilación; parte del acuerdo de paz establece que Villa reciba una hacienda en Chihuahua: Canutillo.

1923. Villa es asesinado en su automóvil el 20 de julio en Parral, Chihuahua, camino de su hacienda.

DE VUELTA, SIEMPRE DE VUELTA

¿Quién habla? ¿Quién escucha? ¿Qué se está diciendo? Estas tres preguntas, en medio del ruido, siguen siendo las únicas relevantes para la novela. Pancho Villa es un significante vacío; quiero hacerte *escuchar*. No sé, como escritor, qué es lo que quiero decir. Ése es el poder de la literatura: si lo supiera escribiría, en lugar de este pequeño libro, una carta a los lectores de *La Jornada*. Me gustaría que pudieses escuchar *la tonada* del libro, lo único que importa. A mí Pancho Villa se me aparecía imposible de escribir, era una serie de fotos, una serie de películas; estaba quieto y se movía. Era una serie de *retratos* literarios, canonizados. ¿Cómo devolverle la vida, la unidad que destruye a la *serie*?

Pienso que en algún lugar nos perdimos; antes del siglo XXI, claro, pero no irremediablemente. Si al menos escucháramos que escuchamos: eso es lo único que pretendo con la *voz* de Villa aquí. Esta novela es una *señal* en el camino, no busca más, por eso es tan corta como una emisión de radio: toma el asunto a la mitad y lo deja a la mitad. Porque nada empieza ni termina, eso es una bufonada de la literatura seria. Hablar es escuchar, carajo. Lo único que le interesó a Doroteo Arango fue que lo escuchasen, aunque fuera en vano. Y nadie escucha *de corrido*, ni siquiera un corrido. Escuchamos en fragmentos, interrumpidamente, como los recuerdos. ¿Será que el escritor, más que un *hablante*, es alguien que está escuchando? Como afirmaba José Revueltas: «Los mexicanos que no podemos evocar una cultura honda y distante, ¿qué somos? No somos, es la respuesta. Patria es terrenalidad, no nacionalismo, y nosotros somos nacionalistas sin patria, que ni siquiera estamos a la búsqueda de un espíritu, inauténticos, falsificados, hipócritas, machos avergonzados de ser hombres.» Si éste fuera un CD y no una novela, bien podría llevar el subtítulo *remix*. Ésa es su estética. Porque eso es la literatura y eso es un escritor en realidad, un DJ, mezclando una y otra vez lo ya dicho. Un libro como éste no puede escribirse sin la ayuda de muchos otros que han aparecido antes de él, su sentido se debe a los muchos *significados* que se le han ido superponiendo a la figura de Doroteo Arango, alias Pancho Villa, quien es antes que otra cosa un signo escrito y reescrito, como ha probado con fineza Max Parra en su *Writing Pancho Villa Revolution* y ha reinterpretado mejor que nadie Jorge Aguilar Mora en sus prólogos a otras excepcionales *versiones* de Villa: *Cartucho*, de Nellie Campobello, y *¡Vámonos con Pancho Villa!*, de Rafael F. Muñoz. De la mano de ellos dos releí también *El águila y la serpiente* de Martín Luis Guzmán y las plomizas, supuestas *Memorias* del general.

Las historiadoras y nietas de Villa, Rosa Helia y Guadalupe, me permitieron adentrarme en los años oscuros del Centauro del Norte en otro supuesto *Retrato autobiográfico* que va desde 1894 hasta 1914, pero indudablemente es Antonio Vilanova quien mejor ha penetrado en los otros secretos, los de su muerte y también la triste suerte de la cabeza de Villa, cercenada años después. Su *Muerte de Villa*, con ese título a la Büchner, contiene datos fundamentales que se agregan a la copiosa bibliografía que se debe revisar, en particular los monumentales libros de sus dos grandes biógrafos, Friedrich Katz y Paco Ignacio Taibo II, de los que esta novela abreva pues busca sintetizar, encontrar un sentido en medio del fárrago de anécdotas. ¿Qué recuerda un fantasma? Un fantasma decapitado, además.

Para el episodio de Villa como actor de Hollywood, antes de la película sorprendentemente eficaz de Antonio Banderas, *Pancho Villa Starring as Himself*, pude revisar la interpretación de Curtis Marez, «Pancho Villa Meets Sun Yat-sen: Third World Revolution and the History of Hollywood Cinema», en *American Literary History*, pero como en tantas otras cosas, el tema ya estaba en el libro de Max Parra que he citado antes. Hace pocos meses, en Santa Bárbara, lo escuché hablar sobre uno de los cuentos de Campobello incluído en *Cartucho*, «Las tarjetas de Martín López», y trajo a la pantalla del auditorio las auténticas tarjetas postales del fusilamiento de Pablo López, el hermano de Martín, uno de los más queridos lugartenientes de Villa. A esa plática le debo buena parte del capítulo de esta novela que trata el asunto, junto con los trabajos de Aguilar Mora sobre la época que ya son clásicos. Para la Punitiva, el relato de Eileen Welsome, *The General and the Jaguar: Pershing's Hunt for Pancho Villa: A True Story of Revolution and Revenge*, es insuperable.

La historiografía en inglés sobre Villa es igualmente copiosa y arroja una visión distinta a la de la mexicana. Pude revisar con cuidado *Centaur of the North: Francisco Villa, the Mexican Revolution, and Northern Mexico*, de Manuel Machado; *Chasing Villa: The Last Campaign of the U.S. Cavalry*, de Frank Tompkins; *Cock of the Walk, Qui-Qui-Ri-Quí!: The Legend of Pancho Villa*; *Pancho Villa at Columbus: The Raid of 1916*, y *The Paradox of Pancho Villa*, de Haldeen Braddy; *Pancho Villa*, de William Lansford; *Pancho Villa and John Reed: Two Faces of Romantic Revolution*, de Jim Tuck; *Pancho Villa and the Columbus Raid*, de Larry A. Harris; *Revolution on the Border: The United States and Mexico, 1910-1920*, de Linda B. Hall y Don M. Coerver; *Revolution on the Rio Grande: Mexican Raids and Army Pursuits, 1916-1919*, de Glenn Justice, y finalmente *The Villista Prisoners of 1916-1917*, de James W. Hurst.

Muchas películas —más de cuarenta— han tratado el tema, cientos de corridos, escritos en su tiempo —eran los cronistas y testigos en directo de la Revolución, nuestros corresponsales de guerra— y otros tantos actuales siguen la experiencia villista como una herida que no cicatriza. Al artista Eko y al propio Paco Ignacio Taibo II les debemos la incursión del general y los suyos a la novela gráfica con su reciente *Pancho Villa toma Zacatecas*, pero Pedro Salmerón es quien mejor ha historiado lo que pidió una y otra vez Aguilar Mora: el relato de los villistas, ese ejército popular que conocemos como *los Dorados*.

De Miguel Ángel Berumen, *Pancho Villa: La construcción del mito* me permitió volver al archivo visual de la Revolución mexicana con otros ojos, de la misma manera en que lo ha hecho Adela Pineda en sus trabajos sobre cine y revolución; tengo la suerte de contarla entre mis amigos de este lado de la frontera, ahora que yo mismo vivo una especie de exilio. Múltiples pláticas con ella y con Ignacio Sánchez Prado han nutrido este libro que el lector tiene ahora en sus manos y que, tal vez pacientemente, ya ha leído hasta esta página de agradecimientos que lo incluye, pero Diana Isabel Jaramillo ha sido mi verdadera colaboradora en este empeño villista tan complejo e intenso. Esta novela es además mi tributo al dolorido recuerdo por la pérdida de mi amigo Daniel Sada, por lo que se lo extraña en estos *aires mundaneros* donde no se premian las sencillas sabidurías. A ese territorio que él conoció y del que escribió también, ese paisaje árido es al que hacen homenaje extraño estas páginas en su memoria. El tomo de José María Jaurrieta, *Con Villa (1916-1920), memorias de campaña* y el excepcional retrato de Ángel Rivas López, *El verdadero Pancho Villa*, vinieron a completar mi idea de un relato íntimo del Centauro.

«Es una ironía de la historia que quien cree destruir un régimen lo lleve a su perfección», escribía Jean Meyer sobre los revolucionarios cercanos a Calles y a la institucionalización revolucionaria, donde quepa el oxímoron. El renovado interés en Pancho Villa es prueba de que los vencidos en esa lucha no osan dejar tranquilos a los vivos que los traicionaron. La memoria es colectiva y política, afirma Walter Benjamin, y el recuerdo es personal y se rehúsa a ser domesticado. La memoria es conservadora y el recuerdo es demoledor y destructivo, por eso elegí la primera persona y quise que el coronel y luego general Villa nos hablase desde ultratumba en esta breve novela hecha de recuerdos, no de la memoria. Quise además que fuera él mismo —su voz— quien incluso pudiera ver el expolio de su tumba, la constante rectificación de su figura. Como le declaró en 1914 a su secretario, Manuel Bauche Alcalde, sólo si era él quien hablara podría conseguirse «que se me conozca tal y como fui, para que se me aprecie tal y como soy».

El recuerdo, aunque modifique los hechos, tiene la virtud de seguir siendo *auténtico*. Estas memorias póstumas son mi modesta contribución para permitir que Villa siga conversando con nosotros.

Winchester, cerca de Boston, noviembre de 2013

ÍNDICE